谨以此书献给阿尔塞纳·温格。

This book is dedicated to Arsène Wenger.

陈说新语

A New Account of Old Stories

陈新宇 著

九 州 出 版 社
JIUZHOUPRESS

图书在版编目（CIP）数据

陈说新语 / 陈新宇著. -- 北京 : 九州出版社,
2019.12

ISBN 978-7-5108-8729-1

Ⅰ．①陈… Ⅱ．①陈… Ⅲ．①法学－文集 Ⅳ.
①D90-53

中国版本图书馆CIP数据核字(2019)第285849号

陈说新语

作　　者	陈新宇　著
出版发行	九州出版社
责任编辑	周弘博
装帧设计	李婷婷
地　　址	北京市西城区阜外大街甲 35 号（100037）
发行电话	（010）68992190/3/5/6
网　　址	www.jiuzhoupress.com
电子信箱	jiuzhou@jiuzhoupress.com
印　　刷	三河市兴博印务有限公司
开　　本	880 毫米×1230 毫米　32 开
印　　张	8.25
插页印张	0.25
字　　数	185 千字
版　　次	2020 年 6 月第 1 版
印　　次	2020 年 6 月第 1 次印刷
书　　号	ISBN 978-7-5108-8729-1
定　　价	68.00 元

陈新宇

温格拥趸和阿森纳球迷，体育和文学业余爱好者。清华大学长聘副教授、博士生导师，法学院近代法研究中心主任，曾任日本名城大学研究员、加拿大英属哥伦比亚大学访问学者。研究领域为法律史、比较法和法律职业伦理。著作有《寻找法律史上的失踪者》《帝制中国的法源与适用》《中国近代法律史讲义》（合著）等。

自序：并非多余的话

本书收录了我从事教研以来的随笔、书评和诗歌等小文凡四十八篇，这类文章是发散思维与灵犀顿悟的结晶，代表着超越论文形式主义和教条考核标准的束缚，乃一种养心和自由之作。拙书分为"读史阅世""问学谏往""清韵烛光""闲情偶寄"四个部分，因缘际会，分别出于学缘（我尊敬的学者何炳棣与萧公权两先生的学术传记）、职缘（我服务的学校）与境缘（我欣赏的清代李渔之书的意境）。

谨以拙作献给阿森纳历史上最伟大、执教时间最长（1996—2018）的儒帅阿尔塞纳·温格（Arsène Wenger，1949— ）。温格当年莅临海布里，其执教理念对英格兰足坛的影响，从我的研究专业法律史角度进行跨界类比，堪比1066年的诺曼征服——彼时法国诺曼底公爵威廉征服英格兰，改变了英国法的历史方向。温格自身，颇似中国近代法的第一人沈家本（1840—1913），两人皆是现实的理想主义者，在各自体制赋予的有限空间内殚精竭虑，温格为阿森纳打造出现代美丽足球的风格，留下了一座崭新的酋长球场，沈家本为中国引入近代法治理念，建构现代立法与司法体系，两人对于青年才俊的伯乐之功，亦谱写了各自场域的佳话。

目前担任国际足联世界足球发展总监的温格应该尚不知道，他的人格魅力会跨越足球，影响到重洋千里之外一位清华学者的教研理念。而当前我的研究重心，正聚焦于沈家本，试图在其诞辰 180 周年之际，进一步发掘这位法治先贤的潜德幽光。

"金风玉露一相逢，便胜却人间无数"，是为序。

2019 年 12 月 30 日于清华法律图书馆温格居

目　录

第二编　问学谏往

第三编 清韵烛光

第四编 闲情偶寄

第一编　读史阅世

君子的复仇

民国三十四年（1945）八月十五日，日本宣布无条件投降，抗战结束。在中华民族举国欢腾的身影中，有一儒雅清瘦、步履微跛的中年男子，其脸上既有国耻得雪之喜悦，更有终得抉择后如释重负的超脱。"这一天，终于要来了"，他喃喃自语。

这位中年男子，名叫徐道隣，是以宪法和法制史研究传世的著名法学家，时任行政院政务处处长。这一天，是他苦等二十年的复仇之日。

十一月三日，阴霾细雨，常见的山城天气，徐道隣出家门，但并非往行政院履职。在此之前他已经递上辞呈，此行的目的地是重庆北碚法院和国民党中央军事委员会。他递上的，是一纸诉状，控告的对象分别是张之江和冯玉祥，当时的国民党中央执行委员会委员和军事委员会副委员长。控告的罪名：杀人罪。

二十年前，徐道隣的父亲徐树铮遇害于廊房，凶手是自称"为父报仇"的陆承武。但徐道隣知道，陆承武只不过是个傀儡，"稀里糊涂地唱了一出孝子的戏"而已。幕后的黑手，实是当时手握京畿兵权的冯玉祥。杀人案的执行者，则是冯的下属张之江。

这，是民国时代的一件名案。其背后，是一位法学家的复仇故事。

故事须从徐道隣之父徐树铮谈起。徐树铮（1880—1925），字又铮，北洋名将，人称"小徐"，以便与曾任民国总统的"大徐"徐世昌区分开来。徐树铮是清末秀才，弃文从武，为段祺瑞所赏识，被着力栽培，成为段最为信赖的股肱之臣。段视其如己出，为了推荐他，甚至不惜当面与袁世凯翻脸。

民国八年（1919），官任西北筹边使的徐树铮兵不血刃，使受沙俄控制而"自治"的外蒙回归祖国怀抱。这是他人生的高峰，功劳之高，连孙中山先生也认为堪比汉代"不入虎穴，焉得虎子"的班超和"犯强汉者，虽远必诛"的陈汤等卫戍边疆之名将。

徐氏书法遒劲，诗词雅致，精通经史，与当时名士林琴南、张謇、柯绍忞、马通伯谈学论道，相交甚笃；并擅昆曲。1925年访英，在皇家学院以"中国古今音乐沿革"为题进行演讲，连《泰晤士报》亦大表钦佩。可见民国时的武人，既有如"狗肉将军"张宗昌那样粗鄙不堪者，也有如徐树铮一般文武双全之人。

有才者不免恃才，恃才者则易傲物，傲物者往往跋扈，乃古今才士的通病。徐树铮之张扬，甚至连总统都不放在眼里。据说某次人事任命，黎元洪偶然问到被任命者的出身历史，时任国务院秘书长的徐树铮竟然很不耐烦地说："总统不必多问，请快点盖章，我的事情很忙。"这一性格缺陷，为其人生的悲剧结局埋下伏笔。

民国七年（1918），徐树铮在天津先斩后奏，以《惩治盗匪法》为由，枪毙了同为北洋袍泽的陆建章。陆建章是天津小站练兵出身，曾任军政执法处处长，杀人如麻，有"屠夫"之称。据说他曾请人吃饭，送客时从背后将人开枪打死，故其请客红帖有"阎王票子"之谓。

陆建章为人固非善类，被传有通匪之嫌，但徐树铮忌之杀之，难免牵涉背后派系之间的利益冲突，且不经审判，即就地正法。而陆建章的儿子陆承武，原是徐树铮在日本士官学校的同学，夫人亦是同学，两家关系本不疏远。所以徐树铮此举，于法于理，均未允当。徐道隣回忆，出事后他的母亲非常难过，徐树铮也从不谈及此事，从此亦再未杀人。

陆建章之死，震动官场，不免人人自危，引起恐慌。仇恨的种子，更在一个人的心中深深地埋下，他就是陆建章的外甥冯玉祥。

民国十四年（1925），徐树铮考察欧美、日本回国。其时北方局势不稳，但顾于考察成果丰硕，他正踌躇满志，执意回京覆命。至京述职完毕，他又不听劝阻，执意南返。据说当日段祺瑞案前曾出现"又铮不可行，行必死"的字条，段急派人送徐，徐并不介意，并拒绝军队护送。一而二，二而三，生机一失再失，命乎？

十二月三十日凌晨，徐树铮的专车行至廊房，被冯玉祥指使部下张之江挟持而去。风雪之夜，随着一声枪响，一代枭雄，竟曝尸荒野，终年四十有六。徐是政府专员，身为同僚的冯玉祥自然不会承认自己杀人，而是电报政府，云："徐上将有功国家，不幸在路上为匪人劫害，其死甚惨，请政府优予褒恤。"其间，更有陆承武呼啸而至，自称为父复仇之一幕。冯之杀徐，据徐道隣事后分析，原因有三：一是徐访欧筹得款项，有望东山再起，冯对此颇为忌惮，先下手为强；二是徐反共立场鲜明，冯当时已经与共产党合作；三是冯欲报陆建章的知遇提携之恩。

古经"父之仇弗与共戴天"，《春秋公羊》亦有"父不受诛，子复仇可也"，复仇的重任，便落到了徐道隣的身上，这是他需要去做也必须去做的。亲属复仇，是贯通不同类型文明，贯穿人类社会不同阶段的伦理法则，国家出现后，固然会通过法律来限制私力救济，但是情法的辩难，不会因为制度日趋精致而消减，却是长时间地存在着。一方面固然是制度并非万能，另一方面也可能是人之本能就不是能够被制度化的。此时的徐道隣，弱冠之年，正在德国留学，回国奔丧，再默默返德继续学业，其内心果真平静如斯乎？非也！他暗中查明真凶后，复仇便成了他以后人生的主题。在其提出诉状之前的二十年间，未曾开口说过一次"冯"字，这样的仇恨，何等的彻骨！其内心深处，何等的翻江倒海！

徐道隣曾在《二十年后的申冤》一文中总结自己的心路历程：

凡是读中国书，听中国戏，看中国小说的人，对于他，没有一件比替父亲伸冤报仇更重要的。但是我那时知道，对于我，这却不是一件简单的事情。冯是一个手握重兵的大军阀。我是一个赤手空拳的孩子，怎么能谈报仇？想要报仇，必须努力向上，在社会上有了一点地位，然后才能作此想。因此我下定了决心：先拿报仇的精神去读书。等书读好了，再拿读书的精神去作事；等作事有点成就，再拿作事的精神去报仇！

所以，尽管他以《宪法的变迁》顺利地拿到柏林大学法学博士学位，尽管当时他的公法学造诣甚至超过了同时期的德国学人（其中不乏后来执德国公法学牛耳之才俊），但从此，他再也没有踏上公法的学术之径。等他数十年后再执教鞭的时候，已经转向中国法制史的研究。

尚在襁褓之时坠地伤足，因乳媪匿而不告，数年后遂成痼疾，终生不良于行，故无法如父亲一样投笔从戎，这是徐道隣的憾事。那么要"作事"，就只能是从政了。

民国二十一年（1932）徐道隣回国。因徐树铮与蒋介石的交谊，他被蒋招至麾下，历任国防设计委员会、行政院参议、中国驻在意大利代办、考试院铨叙部司长、行政院政务处处长。十几年间，职务几换，也曾忝列智库，也曾叱咤外交，也曾司局干部，似乎很活跃、很风光，但书生参政，个中滋味，恐怕如鱼饮水，冷暖自知了。在三十年后发表的《论政治家与学人》一文中，他谈到"世上竟有不少有前途的学者，放弃了他们有把握的学问不做，而到没有把握的政治里去翻筋斗，真是使人难解"，这番感慨，叹息的是自己，还是别人？

复仇的机会并非没有，韩复榘曾找上门来，愿助"一臂之力"，但徐道隣何等聪慧之人，如陆承武般的假孝子，他是不愿意做的。"七七事变"，民族抗战，前线部队不乏冯玉祥的旧部，一个中央现职人员若状告冯玉祥，会对军队产生什么消极影响？他们是否会误解中央？他犹豫了。从政并没有给徐道隣带来期待的权力，反倒束缚了他的拳脚，国仇家恨，他需要斟酌衡量。

二十年，杀人罪的追诉年限转瞬即到，好在天可怜见，倭寇已灭，他终于可以心无旁骛地提起诉讼了：父亲，今天的复仇，是以法之名。

军事委员会的批示下来，依据民国十四年（1925）适用的刑法，杀人罪的告诉时效是十五年，也就是说，法律以技术手段，委婉地拒绝了徐道隣的诉讼请求。徐氏马上以抗战八年时效中断为理由提出抗诉，但无论是军事委员会还是法院，再无下文。意料之外，也是意料之中！徐道隣谈道：

> 我在递状子时，原就担心不会有结果。但是我一定要向社会指出，谁是那个一直躲在他人背后指使杀人的主凶。他纵然有胆子行凶，但是在二十年后，有人指出他杀人罪行时，他却没有胆子承当，他这种狼狈吃瘪的情形，也使我略感安慰。只是含冤二十年，既未能手刃父仇，也未能使犯人正法，终不免抱恨终天，惟有祷告和希望历史的制裁，永远在人间发挥其正直的力量。

与古典时期一样，民国时代的子女复仇，仍然具有很强的伦理正当性，在舆论上也颇能获得支持。所以施剑翘杀孙传芳，郑继成杀张宗昌，乃至所谓陆承武杀徐树铮，抛开其背后或许隐藏的政治阴谋不说，杀人者或被特赦，或不被追究，皆可说明此点。与施、郑的快意恩仇不同，徐道隣的复仇显得比较独特，或许这与徐受过法学教育，受其规训不无关系吧。他的隐忍、他的坦荡、他的气节，是这个并未成功的复仇故事中让人最为印象深刻之处。我又想，当他投出诉状的一刻，不管成败，他都已经获得了心灵的解脱，"以直报怨"，这是君子之风。

法律的婉拒，或谓不幸，又何尝不是幸运？

段祺瑞在爱将徐树铮被害后的沉默和不作为，曾使徐道隣颇为不满，但后来对情况的了解使他逐渐释怀，相信段并非无情之人，相信段自有他的分寸，其中就包括了解到段祺瑞信奉"轮回""因果"。佛家学说与古典思想的结合，使得中国的"报"具有宿命与来世的更深刻的意涵，这或许多少能缓和现世的情法冲突，抚慰孝子们内心的愤懑吧。

当陆建章送出"阎王票子"的时候，可曾想到徐树铮背后的一枪。当徐树铮下令就地正法的时候，可曾想到廊房的风雪之夜。当冯玉祥发出截杀密令的时候，可曾想到黑海上的阴谋……我想，谁都不曾想到。但报应的因果，已经种下。

据说小徐死时，大徐的挽联是"道路传闻遭兵劫，每谓时艰惜将才"，吊诡的是，之前祭奠陆建章时，他亦曾送同样的挽联，是徐世昌的有意为之，还是无心之作，堪耐玩味。

因果循环，报应不爽，这或许就是拨弄芸芸众生的命运之手。

（原载《方圆律政》"新语论史"专栏，2010 年 1 月号）

法与名分
——从汉代一起子杀继母案谈起

汉代景帝年间，某日，中央的司法官廷尉上奏一起案件，一个名叫防年的人，杀死了他的继母陈氏。汉朝以孝治天下，依国家律典，杀母乃是大逆重罪。但该案中防年杀母，事出特别，原来陈氏杀死了防年的父亲，子杀继母，乃为报父仇。杀母是逆伦不孝，为父复仇则是孝，所以同一行为便兼有两种截然不同的评价，如何定罪，廷尉也无法定夺，只好将皮球踢给了皇帝。汉景帝对这个疑难案件，沉吟许久，纵是明君，也颇为踌躇，目光一转，当时的太子，也即未来文韬武略、青史留名的汉武帝，正伴随左右，见习政事呢，"正好，且试他一试"，景帝心想。

"太子，依汝之见，如何断之？"当时的刘彻，年仅十二，虽说古人早熟，皇家子弟，自幼发蒙历练，更是如此，但此案皇帝与一干大臣尚且无解，一个黄口小儿，能行吗？众人的眼光齐聚于刘彻身上，其中不乏期许，更多的，则是怀疑。只见刘彻不慌不忙，思忖片刻，对曰："夫继母如母，明不及母，缘父之故，比之于母。今继母无状，手杀其父，下手之日，母恩绝矣。宜与杀人同，不宜以大逆论。"就是说，继母不同于自然血缘关系的亲母，乃是因为父亲的缘故，取得如亲母一样的地位，这只是一种拟制的母子关系。但今天继母行为不端，杀死防年的父亲，从其下手之时起，作为母亲的恩义已绝，因此，防年非杀母也，这起案件，并非忤逆性质，而是普通杀人类型。

一起疑难案件，寥寥数语，即中肯綮，景帝微微颔首，众臣交口称赞。牛人就是牛人，即便一千多年以后，民国那位少年成名、才高八斗、立志要做中国孟德斯鸠的天才法学家吴经熊，也要赞一声汉武帝真有法律头脑（legal mind）呢！

汉武帝的这段论辩，颇有亚圣孟子的范儿。当时孟子见齐宣王，齐宣王问他："汤放桀，武王伐纣，是否真的发生过啊？"孟子很实在地回答："的确如此。这些经书中都有记载。"齐宣王马上追问："汤是桀的臣属，武王是纣的臣属，做臣子的以下犯上，弑其君主，可乎？"孟子回答说："杀害仁者的人叫做'贼'，杀害义者的人叫做'残'。夏桀、商纣这种滥杀仁义者的残贼，已经是众叛亲离的独夫。所以我倒没听说过什么弑君的，只听说过杀独夫的。"

在这个故事中，孟子巧妙、创造性地将道德的正当性引入了"君"的概念中，君之所以为君，不仅仅是因其盘踞帝王的宝座，更重要的是要有德，失去了道德属性的君，就不是君，而是贼。这番颇具民主色彩，且不同于狡辩式的"白马非马"之深刻洞见，虽然给孟子身后带来了麻烦，比如惹得独裁者朱元璋不爽，差点将他老人家的塑像赶出孔庙，但也可能给刘彻在断案时提供了智慧养分。"罢黜百家，独尊儒术"的口号提出于汉武帝时期（尽管实践中并非完全贯彻），偶然乎？必然乎？

上述引申出来的就是古代的法/政治与名分的问题。古代中国从有社会起，因血缘关系就有了名分，进而从血缘关系拟制发展至政治、社会关系，于是便有"君君、臣臣、父父、子子"之说，围绕着名分，便有了"父慈、子孝、兄良、弟弟、夫义、妇听、长惠、幼顺、君仁、臣忠"等对应恪守遵循的行为规范。

当然，法律中名分之发展、论证是需要时间的。比如汉代春秋决狱中关于亲属相隐的经典案例：甲没有自己的孩子，偶然在路旁捡到一个被丢弃的小孩乙，含辛茹苦将其养大成人。乙长大以后，有一天犯了杀人罪，回家后将情况一五一十地告诉了甲，甲就将乙藏匿起来。事发后，甲该如何论处呢？在当时尚无明确"亲属相隐"规则的时期，藏匿亲属也需要论罪，但汉代大儒董仲舒对这个案件的意见则是：

> 甲无子，振活养乙，虽非所生，谁与易之？《诗》曰："螟蛉有子，螺蠃负之。"《春秋》之义，父为子隐，甲宜匿乙，而不当坐。

"父为子隐、子为父隐"，这已经是大家很熟悉的典故了，但大家更可能不熟悉的是：为何董仲舒在此之前，要引用《诗经》来论证养父养子关系的正当性呢？像唐人写判词那样引经据典，显示自己文化水平很高？非也？孔子笔削《春秋》，褒贬历史，大儒引经，也是秉承先贤，绝非为了拽文学。此处解释需要利用一下出土的文物资料，《睡虎地秦墓竹简》记载了这样的法律答问：

"父盗子，不为盗。"今假父盗假子，何论？当为盗。

在古代家族社会，父子同财共居，财产共有，秦代虽然有"分户令"，但那是为了增加国家赋役起见，并非否定该原则，所以秦律规定，父亲盗窃儿子，不算是盗窃罪。但义父盗窃义子，则要算盗窃罪。从中可以看出，在秦代，拟制的父子关系不能等同于自然血缘的父子关系。汉承秦制，应该也是如此规定。董仲舒引用"螟蛉之子"的典故就是为了论证拟制的父子之间同样存在养育之恩，具有伦理正当性，完全可以等同于自然血缘的父子关系。然后再通过《春秋》经义，论证父隐匿子的伦理正当性。所以在这个案例中，董仲舒实际上是连续用典，予以递进式的论证。没说的，难为他老人家一片良苦用心啊！

防年杀继母的案例，很可能是发生在法律对不同名分之间的次序优先，尚未有系统规定的时期，作为家庭内部案件，当时法律可能不允许卑幼有告发尊长的权利，兼之春秋大复仇时代的影响甚巨，便有了他自力救济的一幕。

最迟在唐代，防年就有了法律的对策，《唐律疏议》规定："嫡、继、慈母杀其父，及所养者杀其本生，并听告。"法律虽然贯彻卑幼不许告尊长的原则，但列举了诸项例外规定，其中就包括继母杀父的情况。这条规则究竟源于哪个朝代？与防年杀继母案有无关系？目前尚不得知。但其背后的法理，无疑是因为从名分上，在父权中心的古代社会，父重于母，两害相权取其轻，故允许告母。

中国古代法律发展史上的"准五服以制罪"、服制诸图入律典、礼法结合，皆可以看成是法律对名分关系的认可与采纳。

应该说，这种名分，超越了自然主义，比如君臣，原本是拟制父子关系而成，但法律首先要逼大家作忠臣，所以谋反谋叛谋大逆必须告发，否则连坐；如果你的母亲是妾，即便父的正妻（己之嫡母）杀了你母亲，对不起，你不能告，告了就是干名犯义；这种名分，超越了法律的一般规定，比如"耳目所不及、思虑所不到"的过失杀伤可以赎刑，但一旦涉及子犯父，则更强调以结果论，予以实刑严惩；这种名分，甚至成为司法官在审判疑难案件时的权衡标准，所以海瑞会说"窃谓凡讼之可疑者，与其屈兄，宁屈其弟；与其屈叔伯，宁屈其侄"。对于有道德洁癖的海青天来说，这绝非葫芦僧断葫芦案，更不是因为其懂得什么法律经济学，无他，名分使然尔。

名分的存在，使古代法变得繁杂多绪，案件当事人关系的纠结，使疑难案件出现的概率大大增加。正如明代的吴讷对防年杀继母案的进一步发挥，依据《大明律》进行的模拟审判，"若比杀常人，则故杀者斩；若比父母为人杀，则子孙擅杀行凶人，杖六十，其即杀死者，勿论"，就是说，如果比照杀平常人的话，那么就按照故杀判处斩刑；如果是比照父母为人杀，子孙擅自杀害凶手，只需杖六十，当场立即杀死的，不论罪。两种结果，一为死，一为生（轻刑或无罪），出入何其大也。可怜防年的继母，一为母，一为常人，一为杀人凶手，三位一体乎？难怪古人早就意识到"律例有限，情伪无穷"，难怪荀子早就喊出"有治人，无治法"，端的是有洞见。

在中国的历史上，即便是喊出"壹刑"口号，主张"刑无等级。自卿、相、将军以至大夫、庶人，有犯国禁、乱上制者，罪死不赦"的法家，虽然不乏平等的色彩，但更可能是为了表明令行禁止的决心，宣扬刑罚的威慑力。"平等"二字，从出土的秦简看，似乎不曾真正地发生过。法律儒家化？对于名分，儒法并无直接冲突，法律中早就有名分，后来不过是缘饰细化，从此视角言，法律儒家化，或可商榷。

名分的法，强调的是对等，而不是平等！

（原载《方圆律政》"新语论史"专栏，2010 年 2 月号）

妇女呈控
——杨乃武与小白菜案中的诉讼策略

　　清代同治十三年（1874）四月某日，京城都察院门口，来了风尘仆仆的三人，一主二仆，他们来自浙江余杭县，主人是位四十余岁的女子，岁月的侵蚀，家庭的不幸，连日的奔波赶路，她已经华发早生，眼见鱼尾，面容亦显憔悴，但双眸中决毅的神采，却不曾黯淡些许。"去吧，递上状子。"她吩咐仆人。男性家仆在京城的宏伟喧嚣、衙门的威武森严前不免惶恐畏葸，在三步一回头中，慢慢地走向那扇皂色的门。

　　相似的场景，又发生在同年的八月，只是，此次的女子，年轻些许，男仆换成了男性亲属，地点，也换成了步军统领衙门。

　　这两位女子，一是叶杨氏，一是杨詹氏，姓氏中共同的"杨"字，透露出两者间的亲属关系，她们是姑嫂，当时，前者的弟弟、后者的丈夫，正身陷囹圄之中。这个不幸的人，叫杨乃武。数月之前，他是新科举人，风光无限，前程似锦，但此时，他的功名已被革去，他的身体，遍是刑讯的痕迹，哪些是合法的，哪些是非法的，很难厘清。身体的耻辱仅仅是其苦难中的一部分，更可怕的是，他已被指控为奸夫，因与葛毕氏（即小白菜）奸情炽热，购得砒霜，通过小白菜之手，毒杀本夫，依据《大清律例》"奸夫起意杀死本夫"条例，他面临的是"斩立决"的刑罚。依据清代的司法制度，该案已历经县、府、省三级的审讯，并由浙江巡抚杨昌浚上奏朝廷。与"（斩、绞）监候"需要经历一番精致繁琐的秋审程序，结果存在"情实、缓决、可矜、留养承嗣"等复数可能，最终并非一定会被执行死刑不同，"立决"只要再经过刑部书面复审，皇帝同意，不知何时一纸文书下来，杨乃武便将人头落地，也就是说，他随时有生命之虞。

怎么办？他需要和时间赛跑。帝国的司法机器在缓缓且有规律地运动着，打破它的常规运行，最直接有效的办法，就是叩阍。所谓"叩阍"，即吏民因冤屈等直接向朝廷申诉（《汉语大词典》）。在清代，它有个别名，叫京控。京控方式大致可分为非常规与常规两类，前者比如皇帝出巡，拦御驾喊冤。但这个需要掌握好信息，例如皇帝出巡的时间、路线等，同时也与皇帝的个人习性有关，碰上如乾隆帝这般喜欢游山玩水的，概率或许高些，但如果皇帝是宅男型的，瞻仰天仗的可能性就很低了，所以，这种直接面圣的方式对情报工作要求太高且需要有运气成分，非一般能为。后者就是向特定的机构递上诉状，通过其上达天听。在清代，都察院、步军统领衙门和通政使司等衙门就具有这类的职能。所以，这就有了文章开头的一幕。

状纸上，具呈者分别是叶杨氏和杨詹氏，抱告人分别是男性的仆人（王阿木）和亲属（姚士法，杨乃武的姨表弟）。姐弟情深、夫妻情挚，两位女性于危难之际，挺身而出，远涉山水，赴京叩阍，杨乃武最后沉冤得雪，她们无疑居功至伟，其巾帼不让须眉之气概，值得钦佩。尤其是杨乃武的妻子杨詹氏，期间因心中愁急，哭瞎一眼，更是可歌可泣。但暂且抛开情感不表，冷静观之，这样的两场京控背后，也折射着当事人对于法律规则的相当熟稔与诉讼策略的精心安排。

在明清时代，妇女是一种特殊的诉讼主体。例如《大明律》《大清律例》皆规定："其年八十以上、十岁以下，及笃疾者，若妇人，除谋反叛逆、子孙不孝，或己身及同居之内为人盗诈、侵夺财产及杀伤之类，听告，余并不得告"，用现代的话语讲，就是妇女和残废者、高龄者、年幼者皆被列为限制诉讼行为能力人，除了特定类型的案件，其是不能提起诉讼的。立法背后的原因，既有国家意识形态的反映，亦有现实的衡量。前者如主流价值希望通过道德教化而不是诉讼来解决纠纷（诚如孔子所谓"听讼吾犹人也，必使其无讼"），妇女涉讼更是被认为有碍社会风化；后者则是因为妇女犯罪，除了奸、盗、不孝这些犯罪类型外，流罪以下是可以赎刑的，而且数额甚低，正如《大清律例》的律注指出"以其罪得收赎，恐故意诬告害人"，所以对以其为主体的诉讼，必须未雨绸缪，加以控制。这样的"权利"—"义务"对等性，也是古典法制一道独特的风景。相似的例子还有如尊长有权要求官府惩治不孝的子孙，但在家庭成员的共同犯罪中，常常是"只坐尊长"——你有教化子孙的权利／力，自然也要承担教化失职的责任。

但社会现实并不如同国家的一厢情愿，经济的发展、人口的爆炸等诸多因素所激发的社会纠纷，仍然需要以诉讼为宣泄口，尽管古代司法不可能完全胜任作为维护社会正义的最后一道防线。在特殊诉讼主体方面，仅仅受理某种类型的案件，显然不足以解决社会矛盾，所以国家建立了"代告／抱告"制度，例如地方性的《状式条例》中常见之规定："凡有职及生监、妇女、年老、废疾或未成丁无抱告者，不准"，通过代理诉讼者的设置，扩大受理案件的范围，解决可能存在的冤情，同时仍然可以使妇女无需躬狱，以维持社会风纪。但其带来的负面影响是妇女身份更有可能被利用，制度的创设或许可以解决、缓解现有问题，但同时也可能引发新的更为棘手的问题，明清司法中并不鲜见的妇女呈控这种特殊现象，即是例证。从这一角度来说，妇女呈控，或许不能称之为女权意识的彰显，因为其背后，可能存在男性的操控之手。

在男尊女卑的纲常社会中，妇女无疑是弱者，但在诉讼尤其是在特殊程序的京控中，这样的弱者形象或许反倒能起到特殊的效果，司法者、舆论乃至朝廷可能有"连女子都不顾礼制而呈控，恐怕确有冤情"的印象而予以格外之关注。在案发之时，杨乃武的堂兄曾为他具呈辩冤，但随着审理的深入，则是妇女登场，男性退居幕后或仅仅是充当抱告配角，其背后，不无诉讼策略上的考量。该案审理过程中，刑科给事中、户科给事中等监察官员的风闻弹事，浙籍十八位官员的联名上书，《申报》的跟踪报道，乃至最后慈禧同意刑部提审，让我们在感叹杨氏家族能量巨大之余，皆不能不认可两位女性的京控起到相当重要的作用。同时，呈控者则因为身份的特殊而不会太忌惮法律的后果，更有可能在案情上予以特别的渲染。尽管杨乃武与小白菜案是冤案，但在杨詹氏的叩阍底稿中，却可以看到对小白菜另有奸夫的影射，所以两者的关系，也绝不是如戏剧、电影中所展现的"恨不相逢未嫁时"式纯洁的男女关系，至少在诉讼中杨的一方甚至杨本人是试图将责任推诿于小白菜的。我并不是想责备杨乃武等人,这是求生的本能驱动,也是诉讼的技巧。只是觉得,冤案中的受害人,也可能在试图制造新的冤案,有念于此,不免戚戚。

光绪二年(1876),历经两朝皇帝,杨乃武与小白菜一案,经北京市海会寺的开馆验尸,终于真相大白。首先是一干官吏的问责,流放的流放,革职的革职,杨乃武与小白菜,终得以重见天日,但即便他们,也不是全身而退。杨乃武因诬指他人,依违制律被杖一百,革去的功名,也不再追还。小白菜因与杨不避嫌,不守妇道,依不应为律拟杖八十。而她的婆婆,提出控诉的沈喻氏,则因诬告罪拟杖一百,徒四年。好在这两位女性,依据《大清律例》,仍可以赎刑。

一个故事,如黑泽明的《罗生门》,有着不同的面相,杨乃武与小白菜案,或许有凄美伤感的爱情,确实有令人感佩的亲情,当今天我讲完其背后故事的时候,你也许还能感受到其间功利计算的理性之无情。

(原载《方圆律政》"新语论史"专栏,2010 年 6 月号)

海瑞骂皇帝案的审判艺术

明朝嘉靖四十五年（1566），户部云南清吏司主事海瑞买棺别妻，上《治安疏》，直言不讳批评明世宗沉迷道术、不理朝政，其言辞之尖锐，甚至还引用了百姓评价皇帝年号的段子"嘉靖者，言家家皆净而无财用也"。此番触忤逆鳞的行径，自然引来皇帝龙颜大怒，将其下狱治罪。人们对于这段历史上著名的海瑞骂皇帝典故，关注的是其以死直谏，感佩的是其铁骨铮铮，但对于该案的审理，因海瑞只是久系囹圄，在嘉靖皇帝驾崩后便得出狱，所以鲜有留心、不曾留意，本文即对此进行探讨。

当时负责此案的是刑部尚书黄光升。案件事实清楚，难的是如何出具法律意见——"拟律"——选择合适规范的问题。海瑞的行为，在当时属于"断罪无正条"，也就是明代法律没有臣工骂皇帝如何定罪量刑的具体规则，在这种情况下，按照制度的安排，需要"引律比附"，黄光升援引比附的是《大明律》的"骂祖父母、父母"律，也就是将其比附为子骂父之罪。在帝制时代，"君—臣"关系与"父—子"关系具有名分伦理的相似性，因此可以比照适用，此种基于名分关系的"类推"，是中国古代法律推理的特色之一。

按照"骂祖父母、父母"律的规定，刑罚为绞刑。本案到此，一切好像平淡无奇，无非是皇帝下旨，刑部承办诏狱，揣摩圣意，给个"说法"（justification），办成死罪尔尔，一言以蔽之，"封建法制"嘛！但其似乎没有这么简单，史书的介绍是"光升委曲平停，求生法外，寓生法中，良亦有独苦者"，也就是说实际上黄光升用心良苦，他的"说法"，乃要在皇帝盛怒之下，给出一个貌似很重，却又有开脱余地的法律意见来，一方面需维护皇权威严，另一方面更要救公道自在人心的海瑞。借用现代流行的话语，这份法律意见，端的是"不明觉厉"！

如何做到？在这种历史情境之下，春秋决狱登场了。春秋决狱渊源于西汉大儒董仲舒，作为古代法制礼法结合化中的重要一环，其重视考察行为人的主观心志，通过诉诸以《春秋》为代表的儒家经典，或超越现行法制，或辅助论证说理，进行司法裁判。不惮"为赋新词强说愁"，以现代法学的维度看之，如果将儒家经典看成是位阶在制定法之上的规范，那么春秋决狱可以说是真正有中国特色的宪法适用乃至违宪审查制度。虽然两汉之后，随着礼法结合完成而春秋决狱式微，但这种融合经学与律学的思维始终贯彻于古代法制之中。在本案中，黄光升将君臣关系比附为父子关系，意味着在有法可据的同时，还可以适用"父有争子，以子原有谏亲之义也"的经义。古人所谓孝，并非指儿子一味服从父亲之命，《孝经》中专列《谏争章》，认为父亲有不义之行时，儿子有谏争之责。《孟子》所谓"不孝有三"，其中就有"阿意曲从，陷亲不义"，如果不谏，才是不孝。因此，从春秋决狱的视角，海瑞的行为符合儒家的孝，具有伦理的正当性，黄光升即以此为其开脱。这种通过比附律条，进而诉诸经义的法律推理，体现了道统与政统的博弈，个中三昧，后人评价道"前辈委曲之苦衷乎"！

不知嘉靖皇帝是被海瑞的赤胆忠心所打动，还是为黄光升巧妙的论理所说服，此案最终的乾纲独断没有了下文，案件审理过程中独特的法律推理，更不为人知。晚清以降，所谓引律比附和春秋决狱，在法律近代化的大潮之下，于西学标准的鉴别之中，被简单贴上各式反现代的标签而多被诟病。今天我们倡导中华民族的伟大复兴，对于传统的法文化，应该多一些同情的理解，在史实的基础上，整体的把握中增加温情与敬意。

（原载《方圆律政》"新语论史"专栏，2014 年 1 月号）

《大宅门》白家大爷的"斩监候"

关于清代死刑的说法，给笔者留下深刻印象的影视文学作品里出现过两次，一则出现在电视剧《大宅门》中，白家大爷被判了个"斩监候"；一则出现在莫言的小说《檀香刑》中，为了检验刑具"阎王闩"的威力，刑部尚书先拿两个"监斩候"的犯人试验（莫言在此创造了一个"监斩候"的名词）。在这两例的语境里，所谓"斩监候"也罢，"监斩候"亦然，都是罪行昭昭、死刑确凿之意，因此《大宅门》的说法是"大爷已经判了斩监候，秋后问斩"，"赶紧回家准备准备，山穷水尽"云云。但需要审慎，影视文学作品与真实司法状况存在差距，日常语言与法律术语也不能等同论之，有待认真分析。

《大清律例》对此有明文规定："死刑二（凡律中不注监候、立决字样者，皆为立决；凡例中不注监候、立决字样者，皆为监候），绞、斩（内外死罪人犯除应决不待时外，余俱监固，候秋审、朝审，分别情实、缓决、矜疑，奏请定夺）。"也就是说，清代的常规死刑分为斩、绞两种，其具体执行上有立决、监候两类，与"决不待时"相比，"监固候审"意味着此类人犯的最终判决还需要经过一套特殊的审理程序——秋审或朝审，其刑责后果有多种可能，最终被确定执行死刑只是其中的一种。秋、朝审的起源，综合清人薛允升和吉同钧的说法，朝审起于明朝的天顺年间，秋审始于顺治年间，仿照朝审之例办理，是"秋曹中一大典章也"，可证这一制度的重要性。两者的区别，从具体时间上看，按照清人阮葵生的说法，在康熙十六年（1677）"定霜降前会审秋审，霜降后朝审"，从对象上看，根据康熙朝《大清会典》的说法，朝审针对的是"刑部现监重囚"，秋审针对的是"直隶各省重囚"，但从特质上看，作为一种在秋季举行、由法律职业官僚与普通官僚共同参与、皇帝掌握最终核准权的死刑会审制度，两者并无不同。

那么，白家大爷被判了斩监候，其地处京师，需要经过怎样的朝审程序呢？

步骤有六：

第一步是刑部员司的详定。刑部的福建司负责编制案卷文书，称为"略节"，送给员司审阅。审阅需要经过初看、覆看和总看三个环节，分别使用蓝、紫、墨笔。刑部专门负责秋、朝审的机构秋审处根据刑部员司的专业水准确定初看、覆看人员名单，他们依据律例、成案等法源给出情实、缓决、可矜等初步看法及商榷性意见。秋审处承担总看，该处编制设满汉提调、坐办各四人，由员司中经验、学识兼富者担任。他们同样按照能力进行再一轮的初看、覆看签注，由最资深的一人担任主任，进行总核。

第二步是刑部堂官的审批。刑部堂官指尚书和侍郎，当时的编制是尚书满、汉各一人，侍郎满、汉各两人，共六人。堂官审阅，加以批词，注明实、缓。当时刑部有所谓当家堂官一说，指在尚书、侍郎之中，出身于刑部，因法律专业素养出众而深孚众望，具有重要话语权的人物，其既可能是尚书，也可能是侍郎。律学家薛允升、沈家本、赵舒翘皆是以刑部侍郎身份，作为当家堂官主政刑部。因此在这一阶段，同样由法律专家进行把关。

第三步是钦派大臣的覆核。《大清律例》规定："刑部现监重犯每年一次朝审，刑部堂议后，即奏请特派大臣覆核。"有别于秋审程序中还有地方总督、巡抚、臬司、藩司会勘这一环节（即地方秋审），朝审乃由刑部独立完成，因此特别增加大臣复核这一环节，以补其阙。在核定具奏后，刑部乃制作招册，分送给都察院、大理寺、九卿、詹事府、翰林院、科道等机构。

第四步是金水桥朝房审录。即在八月时，由刑部堂官和上述接收招册机构的相关负责人在金水桥西的朝房内，将朝审人犯带到，进行审录，其名曰"朝审上班"。众议之下，如有不同意见协议改正，无法取得一致意见则上奏由皇帝裁定。审录结果，由刑部主稿联合朝审上班的各员题覆，被判处"情实"的人犯，由刑部制作黄册，以供御览。

第五步是刑科给事中覆奏。《大清律例》规定："朝审……情实者与各省秋审情实人犯，刑科皆于本省勾到前五日覆奏一次。"也就是在最后的"勾到"前，需要由都察院"稽核刑名案件"的刑科给事中进行覆奏。一般认为，覆奏之法渊源于唐太宗，其曾因盛怒错杀良臣张蕴古等人，痛定思痛，下制"凡决死囚，虽令即杀，仍三覆奏"，并在国家常法中建立和完善了死刑覆奏的具体制度。与唐朝有所不同，清代的秋、朝审覆奏是在皇帝最终勾到决定死刑之前，其目的应该是让皇帝有更多时间考虑案情。

第六步是大学士遵旨勾到。钦天监择定勾到日期后，在紫禁城懋勤殿、圆明园御明洞堂等处，皇帝身着素服，在大学士、军机大臣、内阁学士、刑部堂官等的陪同下进行朝审的最后一个步骤。皇帝展阅黄册，陪同人员各展阅携带的手折，详酌宥否。如果皇帝决定勾到，负责执笔的大学士就用朱笔在勾到本该人犯姓名上作一"亅"状，然后再将其名字在勾到本首幅上抄录出来。这一阶段的结果，根据清人吉同钧的说法，"情实即勾决者，如命盗案中情伤俱重之类是也；情实声请免勾者，如命盗案中情有可原之类是也；又有名为情实，非从严声叙，向来不予勾决者，如官犯及服制各犯是也"，根据清人方苞的观察，"勾者十四三，留者十六七"。皇帝会根据天理、国法与人情综合考虑，酌定勾到。被勾者予以正法，没有被勾者监固等待来年再审，按照制度规定，如果情实十次未勾，刑部查明奏闻下次改入缓决。

从宏观层面总结，朝审制度是古典法律"天人合一"哲学思维的体现，是传统心理"人命关天"人生观念的折射，是皇权司法"主者守文——大臣释滞——人主权断"权力配置的反映。乾隆当年将秋审三覆奏改为一覆奏时曾说，"朕每当勾决之年，置招册于傍反复省览，常至五六遍，必令毫无疑义，至临勾时，犹必与大学士等斟酌再四，然后予勾，岂啻三复已哉"，说的是其如何慎重行事！钱宾四先生曾说："其实中国历史上已往一切制度传统，只要已经沿袭到一百两百年的，也何尝不与当时人事相配合。又何尝是专出于一二人之私心，全可用专制黑暗四字来抹杀？"诚哉斯言也！

从微观层面白家大爷这个人物出发，他的"斩监候"需要经历六个阶段的朝审程序，虽然可谓"步步惊心"，但未尝没有一线生机。因此，如果要更接近历史真实，《大宅门》的台词设计应该是："大爷已经判了斩监候，情实勾到"，这才是"赶紧回家准备准备，山穷水尽"呢！

（原载《方圆律政》"新语论史"专栏，2013 年 11 月号）

习惯中国的法律宿命

在古典中国时期，国家的律典中与习惯法相匹配的范畴仅仅占据很小的比重。以唐律为例，其502条条文中，仅有三条涉及，分别是：第171条的"里正授田课农桑违法"、第279条的"盗官私马牛而杀"和第430条的"非时烧田野"，其以"乡法""乡俗"称之。第171条要求永业田需植种一定数量的桑、榆、枣树，但对"土地不宜者"，可依乡法。第279条对盗杀马牛的行为作出徒二年半的严厉处罚，但对"乡俗不用耕驾者"，则按照普通盗窃处理。第430条对不在国家允许时间烧田野的行为予以制裁，但如果"乡土异宜者"，则依乡法。这些农业社会色彩浓厚的条文中，乡俗、乡法在一定程度上改变了律典比较僵化的规定，具有合理性，但从数量上，实无法推导出官方对乡俗有特别重视之一面。

立法如此，司法中又是如何？清朝一代名幕汪辉祖总结其任职州县的经验"每听一事，须于堂下稠人广众中择传老成数人，体问风俗，然后折中剖断，自然情法兼到"。问题是：体问风俗，是否就代表着这些受到儒家伦理熏陶的官员们对习惯的重视，抑或是其试图更好地从情理这一更高的层面协调各种法源呢？正如滋贺秀三深刻地指出："清代中国的所谓习惯或习惯法，只不过是一种融汇在情理之中的替代物。"从这一角度讲，对待风俗，儒家官员与其说重视，毋宁是试图予以改造，使其适应天理国法人情这一"三位一体"。

近代以降，在法律移植的浪潮中，《大清民律草案》第一条规定："民事，本律所未规定者，依习惯法；无习惯法者，依条理。"类似的规定，也出现在后来《中华民国民法典》之中。从这一角度讲，伴随西方法学的输入，我们开始有了"习惯法"的认识，配合民法典的制定，展开全国范围内的民商事习惯调查。从清末到民国，这种中国政府主导的大规模习惯调查起码有两次，也取得了丰硕的成果，具有重要的史料价值。但如果将其与最后的立法对照，根据现有的研究成果，我们会发现，其间的勾连微乎其微。也就是说，调查的习惯，并没有最后体现在制定法上。而所谓民法典亲属编、继承编中对旧制的保留，也似乎不能说成是尊重习惯习俗，因为其内容毋宁是古典国家固有的、统一的，甚至已经是成文化的礼教礼制，而不是近代语境下的习惯法。

民国北洋政府时期，作为最高法院的大理院在民国二年上字第 3 号判决例中确定了习惯法的成立要件，其为：（一）有内部要素，即人人有确信以为法之心；（二）有外部要素，即在一定期内就同一事项反复为同一之行为；（三）系法令所未规定之事项；（四）无悖于公共秩序及利益。确立这一标准，大理院推事们之法学智慧固然值得肯定，但从另外一个角度思考，也应该坦率地承认，其同样是近代法学尤其是德国法学的移植。所以，无论是立法还是司法，近代中国的"习惯法"，都有强烈的西方色彩。

法律移植作为一个后进国家"模范列强"的途径，在这种情形下，一方面，中国的"习惯法"会伴随民法典的制定逻辑而被重视，并最终参照最新的立法例，作为一种基础的法源写入民法的第一条。但另一方面，法典本身的"法教"（王伯琦语）功能，又使得其带有某种启蒙的意义，不可避免地有着对现代性的追求，进而对旧制予以严厉批判。正如亲历《中国民国民法典》制定的胡汉民所谓："我们知道我国的习惯坏的多，好的少，如果扩大了习惯的适用，国民法治精神将更提不起来，而一切政治社会的进步，将更纡缓了。"在这种情况下，民法第一条中的习惯（法），实际上必须经历司法"无悖于公共秩序及利益"的价值评价，其与古典中国的"不应得为"这一以情理作为行为评价标准的基础条款有着某种内在的共通性。《中华民国民法典》中诸如 68、372、429、537、570 等条款对于习惯的承认，在一定程度上也与古典唐律的条文一样，是经由制定法特别承认的习惯。即便是最终保留在民法典中具有古典特色的习惯"典"，也是经过改造的而不再是纯粹的古色古香。

无疑，习惯法自身具备的民族性特质，可以作为抗拒现代性之有力武器。但纵观世界法律史，即便是借助"民族精神"之魂抗拒法国民法典的德国，最终制定的民法典也不免有"阴性自然法"之谓，习惯究竟在多大程度上被制定法所吸纳，颇值疑问？日本民法典制定过程中的所谓的"断行"与"延期"两派论争，进而有穗积八束脍炙人口的"民法出而忠孝亡"，与其说是学派论争，毋宁是政治论争，固守古典之"淳风美俗"更像是保守势力的托辞借口。

在古典时代，习惯被儒家官员融入情理之中；在近代，于法律移植的背景下，民法典的现代性似乎又要压过其民族性，近代乃至当代的政治家和法学家们，更像是"情感上执著于自己的历史，在理智上却又献身于外来的价值"的群体，从行动逻辑上，与古典的儒家官员有着某种不谋而合的共通之处。在这种特殊的情境下，一方面习惯的调查与最终的立法，出现了很大程度上的背离，另一方面，司法中也更多的是试图以现代的价值去判断和改造习惯而不是尊重习惯。古今之间，尽管政统不同、法统不同，却仿佛有一暗线隐隐相牵，也许这就是习惯中国的法律宿命。其如何摆脱"博物馆"的角色而成为现代法治的"图书馆"，将是当代研究者应该努力的方向。

（原载《检察日报》2011 年 7 月 21 日第 3 版）

宪法视野下的就地正法

"长大吏草菅人命之风，其患犹浅；启疆臣藐视朝廷之渐，其患实深"，此名句出自作家张爱玲的祖父、清末清流党领袖张佩纶之手。张氏才华横溢，作为都察院御史，在晚清政坛风闻奏事，一支健笔，如臂使指，即便曾被其弹劾的李鸿章也生爱才之心，"宰相肚里能撑船"，不但在其落魄时招其入幕，更不嫌张佩纶曾经丧偶，将爱女许配给他续弦。言归正传，张佩纶在这里，批评的是清末法制中一项恶法：就地正法。

在晚清，尤其是太平天国运动期间，传统的死刑复核制度遭到严重破坏，原来死刑案件需经州县、府、省、刑部层层复审，最后由皇帝乾纲独断，此时被就地正法所取代。这一死刑核准权的下放，依据学者考证，乃经部分省份奏请，朝廷加以确认，推广全国，其制度化的标志可见咸丰三年（1853）谕旨："著各直省督抚……如有土匪啸聚成群，肆行抢劫，该地方官于捕获讯明以后，即行就地正法，以昭炯戒。并饬各属团练、绅民，合力缉拿，格杀勿论……至寻常盗案，仍著照例讯办，毋枉勿纵。"尽管该谕旨不无谨慎地区分了土匪大案与寻常盗案，但其甄别实际交由地方判断，更要命的是，乃将生杀予夺之权力一放到底，不仅是封疆大吏的督抚，甚至团练、绅民也有格杀勿论之权，传统的人命关天在权力失去有效监督之下极易演变为草菅人命。君不见，服膺儒家之仁的曾国藩彼时有着"曾剃头"这一比喻其杀人如麻之绰号，细究起来，不能不说与该谕旨的授权渊源颇深。

从宪法学的角度分析，就地正法关系到中央与地方关系和人权保障两大问题。在晚清的历史语境下，张佩纶所言无疑证明清廷更重视前者。明清时代高度中央集权、强干弱枝的政治格局在清季面临困境，在八旗和绿营失去战斗力的情况下，清廷不得不依赖汉族官僚如曾国藩、李鸿章等人所操办，以湘军、淮军为代表的地方团练，而在剿灭太平军、捻军后形成了地方势力扩张、尾大不掉的局面。典型的例证可见义和团运动时期，两江总督刘坤一、湖广总督张之洞、两广总督李鸿章等人违抗中央的宣战诏书，与列强达成和平协议的所谓"东南互保"。

在这种间杂着复杂微妙满汉民族因素的中央与地方权力博弈之中，就地正法的修订、存废讨论一直持续于同光两朝。细节不表，在此不妨引用光绪皇帝亲笔的朱批奏折，他写道："就地正法本朝不得已之举，该御史所奏自为慎重民命起见，著各省督抚将盗案就地正法章程即行停止"，意犹未尽，又补上一段"此事屡经言官陈奏，刑部定议，何以各督抚总未遵行。今断之朕衷，将就地正法章程概行停止，著内外问刑衙门遵旨办理"。这位有名无实皇帝苍白无力之言，可以折射出就地正法在实践中最真实的一面。武昌起义后，张绍曾等人在滦州起兵响应，对清廷提出有关立宪的《政纲十二条》，第六条就是"格杀勿论、就地正法等律，不得以命令行使"，足可证明终清之世，就地正法一直存续。

民国肇建，在宪法之治下，有悖人权的就地正法似乎失去了合法性的基础，但其阴魂不散。典型有如 1913 年《惩治盗匪法》出台，规定对盗匪可由高级军官审判，死刑得用枪毙，盗匪案件不得上诉，凡此种种，可谓清季就地正法的民国版本。法律如此，实践尤甚！信手拈来民国大案，1918 年徐树铮杀陆建章、1925 年冯玉祥杀徐树铮、1925 年张宗昌杀张志、1926 年张作霖杀邵飘萍、1926 年张宗昌杀林白水……哪个不是未经审判，哪件不是就地正法？被杀者固然死于非命，杀人者亦不得善终。据说四川军阀刘文辉曾言："如果县政府的房子比学校好，县长就地正法！"有人感慨军阀重视教育，但不得不说"就地正法"四字更加让人不寒而栗。

湘军大将胡林翼曾送一幅寿联给曾国藩，其为"用霹雳手段，显菩萨心肠"，就此借题发挥，就地正法作为一种"霹雳手段"，在战争时期固然不能说没有合理性，但"以暴易暴兮，不知其非矣"，从长而计之，法治才是"菩萨心肠"，君不见光阴荏苒，角色转换，只有她才能真正地保护你和我。

（原载《清华大学清新时报》"新宇说"专栏，2014 年 7 月 12 日，

刊登时名为《小议就地正法》）

寻找法律史上失踪者的意义

不知不觉,《寻找法律史上的失踪者》初版付梓已经有四年,其间加印的坊间也告售罄。在这种情况下,承蒙商务印书馆白中林先生的青眼抬爱,亦感谢初版广西师范大学出版社的慷慨惠允,就有了这个顺利"转会"的增订版。

问心无愧的是,十几年前"以每一至两年研究一人的计划目标"在初版出版后仍能继续坚守。日就月将之中,中国近代法治的视域更加开阔,场景日渐清晰,感念感怀,有如佛经偈语所云,"靡不护念初发心"。

作为后知后觉者,笔者在研究和教学中常常扪心自问或者面临学友提问:"寻找法律史上失踪者的意义何在?"愚者千虑,或有一得,对此问题的回应,不妨借用孔子的"古之学者为己,今之学者为人",可以从于人于己两个维度展开。

对于失踪者而言,我们通过发掘前辈的法律故事,使近代法治的潜德幽光不至泯灭于历史长河,这是法史学人的职责本分。诚如初版序言所指出,"今天对他们的研究,既是重建史实,还以历史公道,亦能从中窥得思想与学术的传承,领会文化与文明的碰撞,体察国家与社会的转型,感悟人生与人心的变迁",

前事不忘后事之师，此乃应该去做也必须有人去做的事业。

对于寻找者而言，在青灯黄卷下感通先贤的法治往事，在历史面前秉持谦逊之心。例如在沈家本的故事中，我发现在1911年资政院闭会时作为副总裁的他没有参加合影，原因是"举足触地毯裂口，致倾跌伤鼻，血流甚多，未预摄影"，对照资政院的会议速记录，可以看到直至闭会的前一天，年过七旬的他仍在会场上坚持到晚上十点半，为新刑律的最终议决保驾护航，这次意外受伤很可能是积劳与压力所致，其后果则是"自此多病"。沈氏在1913年便驾鹤西归，与此番事故不能不说有密切的因果关系，这位近代法律改革"现实的理想主义者"对于中国法治可谓鞠躬尽瘁矣。

通过对多元资料的深度研读和均衡推理，探究历史真相，在此过程中培养学术自信。例如在阔普通武与康有为的故事中，我发现学界聚讼不已的戊戌变法重要奏折《变法自强宜仿泰西设议院折》著作权问题实际上与第三人梁启超有着密切的关系，该奏折是梁启超与康有为的作品，在戊戌时期以内阁学士阔普通武之名上奏。康有为在辛亥年间将该折窜改成《请定立宪开国会折》，但并非某些擅长考据的历史学家解读过度而认为其乃无中生有的"作伪"。从方法论反思，"尽信书则不如无书"乎？

寻找的过程虽然不免筚路蓝缕，却有邂逅知己、吾道不孤的惊喜，更能感悟陈寅恪先生在《海宁王先生之碑铭》中的狮子吼，"士之读书治学，盖将以脱心志于俗谛之桎梏，真理因得以发扬"，正可以此自勉，纾缓时代焦虑。在当前中国学界，"俗谛之桎梏"最甚者莫过于核心期刊论文的量化考核机制。本书中的董康一文，完成于2005年我刚履清华教职之时，曾试投稿于《中外法学》，一段时间后未有音讯，恰巧黄源盛教授主办的《法制史研究》向我邀约此文（2004年我在台湾的学术会议上曾提交初稿），该杂志在业内有口皆碑，自然一口允诺。与此同时我接到《中外法学》时任编辑张谷教授的电话，问可否略加修订后在《中外法学》发表，我以已经答应《法制史研究》为由谢拒。他稍感意外，最后说了一句"好文章大家都想要"，结束了这次谈话。我与张谷教授之前素未谋面，后来也未曾相见，他是卓有清誉的学者，蒙其谬赞，倍感荣幸。事后回想其反应，可能是很少有人会这么直接拒绝《中外法学》吧。今度重提往事，不是想凸显清高，只是实事求是地记载当年内心，作为核心期刊的《中外法学》与清流杂志的《法制史研究》，地位并无二致。敝帚自珍，拙文提炼出来的近代法律人在激进与保守之间左右摇摆的"董康问题"，在当下仍然有学术价值。后来我经历各种职称评选、人事制度改革，董康一文在核心期刊论文考核标准之中自然毫无作用，当如数工分一般计较自己的论文数量，患得患失之际，回想当年举动，不禁莞尔，却不后悔。现今学界风气，动辄何种核心、多少数量，却鲜于什么命题，哪些原创贡献，让人无聊无趣，不免忧心这种惟刊物与数量的"两惟论"体制将导致劣币驱逐良币，造就"精致的利己主义者"。就个人而言，通过寻找法律史上的失踪者，可以置身于历史苍穹，体察时势，洞悉人性，少些执念，摆脱小我。

失踪者与寻找者之间，形成了互为彼此的"此人懂我"关系。古人云"治史如断狱"，法律与历史，实乃一体之两面，世间一切皆会归入历史，评价自待有心有缘之人。借用诗人北岛的名句，"卑鄙是卑鄙者的通行证，高尚是高尚者的墓志铭"，卑鄙或者高尚，历史终会做出裁判，人间对此焉能不怀敬畏之心？

（《寻找法律史上的失踪者》增订版序，商务印书馆 2019 年版）

新旧问题

——《大清新刑律》百年祭

1911 年，中国第一部近代刑法《大清新刑律》（即《钦定大清刑律》）颁布，百年沧桑，"风流总被雨打风吹去"，它在中国法律近代化中的命运，不妨套用叔本华对法学先知贡献之评价，即"开始之际，被视为异端邪说，最后，则被贬为陈腔滥调，其所享有的，只是在此两极之间短暂胜利的喝彩！"世纪回眸，围绕着其间"剪不断、理还乱"的新旧问题，从文本内容、论争派别和立法程序等维度，无论是史实还是学理，仍有待重新审视与评价。

从文本内容上，《大清新刑律》的革新之处毋庸置疑。在立法理念方面，其确立了近代的罪刑法定主义，基于人权保障之立场，以法无明文规定不为罪告别了古典刑律在明刑弼教、威慑社会的立场下，法有明文规定不论罪者才不为罪的泛罪化倾向；刑罚制度方面，其大量减少死刑，以自由刑和罚金取代了古典的体罚与劳役，实行感化教育，将未成年犯羁押惩治场而非监狱，使得刑罚更加轻刑化、人道化；社会观念方面，其在很大程度上修改了等级意识，对尊亲属范围予以大幅度限缩（最后仅有高曾祖父母、祖父母与父母三项），内乱罪区分首从、情节定罪量刑，不再一律处以死刑。凡此种种，对古典立法维护家族主义的"准五服以治罪"和维护君权的"君亲无将，将而必诛"之类准则，皆有重大冲击。

当然，革新之余，也有妥协，修订过程中曾出现的《附则》五条及最终颁布的《暂行章程》五条，以特别条款的方式，对古典礼教民俗予以集中加强维护。诚如《附则》五条的第二条所谓："中国宗教尊孔，向以纲常礼教为重……如大清律中十恶、亲属相隐、干名犯义、存留养亲以及亲属相奸、相盗、相殴并发冢各条，均有关于伦常礼教，未便蔑弃，如中国人有犯以上各罪，仍照旧律办法另辑单行法以昭惩创。"

革新与妥协并存自然是因为有分歧与论争。围绕着新刑律的不同意见，形成新旧两派对峙之势。新派亦称法理派，以晚清修律大臣沈家本为代表，支持者有如董康、杨度、江庸、汪荣宝、章宗祥、陆宗舆、曹汝霖等一干新锐。这群青壮团体，多有留学（主要是留日）背景，在清季法政机关如宪政编查馆、资政院、修订法律馆中位居要职，活跃异常，当时汪、章、陆、曹四人履历相仿，关系密切，便有"四金刚"之称。旧派亦称礼教派，以军机大臣张之洞和资政院钦定议员劳乃宣为代表，支持者有如吉同钧、陈宝琛、刘廷琛等，多为旧式功名出身。

新刑律可谓"非常1+6"，从预备案戛然中辍，另起炉灶，以日本刑法学者冈田朝太郎主事起草第一案开始，至钦定本颁布，历经正式六案。自从第一案公之于世，双方的论争便甚嚣尘上，激烈异常。但需要指出的是，以往研究多注意两派的势如水火，却往往忽视了沈家本作为新刑律的主持者，无论其知识背景还是现实谋略，皆有稳健保守的一端。当年其与冈田朝太郎讨论死刑问题时，就反对冈田氏死刑只用一种执行方式之主张，认为应该是绞为死刑之主刑，斩为特别之刑，后者适用于谋反大逆、谋杀祖父母父母等情况。在修订法律馆起草的新刑律第一案上奏时，沈氏奏折中赫然就有准备别辑《暂行章程》《专例》等特别条款之主张。在第一案出台后备受抨击，经清廷要求修订法律馆与法部会同修订第二案时，由法部郎中吉同钧添附《附则》五条，固然可以说是舆论压力所致，亦可说是原来第一案时设想的实定化，尤其该附则的第三条"应处死刑，如系危害乘舆、内乱、外患及对于尊亲属有犯者仍照臣馆第一次原奏以斩刑俾昭炯戒"，难道不正是沈家本的一贯主张吗？正是此类特别条款的出现，得以平衡两派主张。妥协，亦不失为稳健有效之方法。

新刑律草案之多，论争之激烈，在中国法律近代化中可谓绝无仅有，除了内容敏感这一重要因素外，与其特殊的立法程序不无关系。清季法律改革，法典制定程序伴随制度变迁，前后有过变化：前期是修订法律馆负责编纂后，经内外各衙门签注，再咨覆宪政编查馆，汇择核定，请旨颁行。后期在资政院成立及其制度完善后，需送资政院议决，再移送到宪政编查馆复加核定，由资政院总裁、副总裁会同军机大臣具奏请旨裁夺。新刑律制定过程中，适逢资政院成立，所以其经历了新旧两种程序。新刑律需经近代立宪的重要产物、国会雏形的资政院议决，是新程序的民主亮点。

对于新刑律在资政院的经历，章宗祥在《新刑律颁布之经过》中曾提到是旧派在阻挠议决，此说符合简单历史进化论之想象。但如按照旧派劳乃宣的说法，其对新刑律"不同意之条文不过百分之三、四，同意者却有百分之九十多"，除却最极端僵化的顽固者，新旧两派对于制定新法实有基础共识。对照当时议场的速记录和另外一位重要参与者汪荣宝的日记，不仅可证章宗祥所言有误，更有颠倒事实之嫌。当时的情况实际是，当新派在"无夫奸"问题上投票败北后，先是故意罢会，使得资政院不足法定人数无法开议，巧为拖延，进而在议场最后一天利用时间紧迫，提议省略三读而通过总则。

如果说要奸要滑本是议会政治的常态，尚无可厚非的话，汪荣宝日记中还记载了章宗祥等新派激进分子在一开始就准备绕过资政院，后来不得不付诸表决后又企图将原案颁布，不与资政院会奏的两段往事，此简直就是耍赖而有悖程序正义了，连汪荣宝亦感慨"余闻之愕然，殊为宪政前途危惧"！以汪氏与章宗祥的关系而言，其不大可能故意诬陷，新派中的人物多经历西学教育，章宗祥本人更是毕业于东京帝大（今东京大学）法科，为何如此，何以至此？

更为吊诡的是，新派中的不少人物，在民国肇建后就换了脑袋，章宗祥和董康等人主持的民国四年《修订刑法草案》，便将清末其明确反对的"无夫奸入罪"放入法典正文之中，让人好生"轻浮保守主义"之感。历史上的很多事情，往往是可爱的不可信，可信的不可爱。

中国近代以降的人物，直至今天，在急剧变化时空的背景下，以"变"乃至"善变"为其主要特征。新思想、新思潮层出不穷，昨日之新可能便是今日之旧；为求不落伍，主动被动之间，甚至不免"以今日之我反对昨日之我"。其实新与旧无非是标签，关键还是要夯实学养、存天理而节人欲，避免成为无根的浮萍。"岂有文章觉天下，忍将功业误苍生"，诚哉斯言，可不戒乎！

（原载《检察日报》2011 年 12 月 1 日第 3 版）

沈家本：中国近代具体法治的践行者

宣统二年十二月十一日（1911 年 1 月 11 日），清廷的预备国会资政院第一次常年会议隆重闭幕，参与会后合影留念的衮衮诸公之中，出人意料地没有作为副总裁的沈家本的身影。当时在场的钦选议员汪荣宝在其当天的日记中记录了沈氏因为意外受伤无法与会的情况："沈副议长自议场退出时，举足触地毯裂口，致倾跌伤鼻，血流甚多，未预摄影。"

此时的沈家本，已经年逾七十。一个容易被忽视的历史细节是，正是在其争取下，资政院第一年常会得以展期十日，直至资政院闭会的前一天，沈家本仍在会场上坚持到晚上十点半，终于护送其主持起草，也是争议最大，引发礼法两派激烈论争的第一部近代刑法《大清新刑律》省略三读通过总则，念兹在兹的法典编纂，得以迎来曙光。他在次日资政院闭会典礼上的不慎失足，应该是年事已高，长期处于高度压力之下，精力不济所致。而这一跤，这摊血，对这位七旬老人的健康，打击甚大，他当年修订法律馆的下属章宗祥对该事故的后续记录是"出血甚多，回寓静养，究因年老受伤，自此多病"（《新刑律颁布之经过》），就此事的解读，或可谓沈家本以自己的鲜血来祭奠中国的法治近代化，求仁得仁矣！

从 1840 年到 1913 年，沈家本出生于鸦片战争爆发这一中国近代开端的特殊年份，逝世于民国肇建的第二年，见证了中国近代法律的转型。其一生大致可以分为两个阶段：

前期读经科举，走传统士人体制升迁之路。这条路可谓一波三折，其在 1865 年一举即中举人，此后却屡试不第，一直到 1883 年才中进士，为此可谓"白了少年头"。其在弱冠之年即"援例以郎中分刑部"，以父荫进入刑部任职习律，考中进士后继续留部工作，虽然以专业能力出色而"以律鸣于时"，却困于刑曹浩瀚案牍劳作近三十年，"惯为他人作嫁衣，年年压线计全非"，迟迟无缘晋升。一直到了过知天命之年才获得升迁外放为官的机会，得以历任天津、保定知府，并在 1901 年重归刑部担任右侍郎，由中央到地方，再回到中央，完成其从事务官向政务官的转型。

后期风云际会，1901 年内外交困的清廷不得不下诏变法，开启晚清法政改革的序幕，"变法皆从改律入手"，经由袁世凯、张之洞和刘坤一三总督的保荐，年已花甲的沈家本临危受命，得以于人生最后的十余年中，在其最为熟悉的法律场域，施展法治救国的抱负。他是首任的修订法律大臣，执掌删修旧法、起草新法的专门机构修订法律馆；他是首任的最高法院（大理院）正卿（院长），负责近代中国司法体制的筹建；他是清廷预备立宪中枢机关宪政编查馆的一等谘议官；他是近代中国最早的国会雏形资政院的副总裁和钦选议员；他是近代中国第一个全国性的法学学术团体北京法学会的首任会长；他是近代中国第一所全国性的法学教育机构京师法律学堂的管理大臣……身影遍布立法、司法、法学研究与教育等诸多领域。他是专家治国的典型，政治立场中立，在清朝官场的争斗倾轧、政潮汹涌中保持某种超然的态度；他的性格低调隐忍，内方外圆，既能坚持原则，亦可妥协合作，务实积极地推动法政改革的进行。一言以蔽之，沈家本可谓近代具体法治的践行者。其对中国法治近代化的贡献有：

一、正本清源，辨析传统法治与近代法治的理念差异

沈家本倡导近代法治观，其认为："或者议曰：以法治者，其流弊必入于申、韩，学者不可不慎。抑知申、韩之学，以刻核为宗旨，持威相劫，实专制之尤。泰西之学，以保护治安为宗旨，人人有自由之便利，仍人人不得稍越法律之范围。二者相衡，判然各别。则以申、韩议泰西，亦未究厥宗旨耳。"（《法学名著序》）寥寥百余字，两种法治观的差别，洞若观火。在近代保障人权、自由平等法治理念的指引下，他上《删除律例内重法折》，一举废除传统的凌迟、枭首、戮尸、缘坐、刺字等酷刑恶法，他积极响应恤刑狱，赞成废除刑讯；他大量删减传统律例的死罪条款，将死刑的执行方式由公开执行改为在专门场所执行；他打破旧有的法律差别，积极推进男女同罚、满汉一致与身份平等。

二、会通中西，以开放心态对待中外法律差别

沈家本批判了盲目崇外与排外的两种法律心态："方今世之崇尚西法者，未必皆能深明其法之原本，不过藉以为炫世之具，

几欲步亦步趋亦趋。而墨守先型者，又鄙薄西人，以为事事不足取。抑知西法之中，固有与古法相同者乎？"（《裁判访问录序》）他这种开放的胸襟气度，乃建立在其对中法与西法原理精神深刻把握的基础上，他撰写鸿篇长著《历代刑法考》，梳理古典法意，他重视翻译，"欲明西法之宗旨，必研究西人之学，尤必编译西人之书"，对于译成的法律，他都要与翻译人员"逐字逐句，反复研求，务得其解"。（《沈家本奏修订法律情形并请归并法部大理院办理折》）正是这种严谨求实的态度，坚定了其法治近代化的决心与方向，"我法之不善者当去之，当去而不去，是谓之悖。彼法之善者当取之，当取而不取，是谓之愚。夫必熟审于政教风俗之故，而又能通乎法理之原，虚其心，达其聪，损益而会通焉，庶不为悖且愚乎"。（《裁判访问录序》）这种会通中西之道，意味着其在现实中面临着左右为难的困境，为了实现审判独立的目标，他不得不诉诸"勿求之于形式，而求之于精神"之举，其推行的新法，则面临着"激进之士嫌其维新而不足，保守辈责其忘本之法"的压力。

三、知人用人，培养近代法治人才

"有其法者尤贵有其人"，沈家本重视近代法治人才，正如江庸所讲，"实清季达官中最为爱士之人。凡当时东西洋学生之习政治法律，归国稍有声誉者，几无不入其彀中"，为了延揽人才，他在修订法律馆采取薪俸倒挂政策，使得资历浅、职务低的归国留学生可以领取高薪，安心工作，同时又敢于放权，大胆起用新人，"当时王大臣中亦多喜延揽新进，惟严范师生之爱，出于至诚，然事权不属不能尽如其意，其余类叶公之好龙，非沈公比也。"(《趋庭随笔》)他当年修订法律馆的下属，例如董康、章宗祥、江庸等，皆担任了民国时期的司法总长、大理院院长等法律要职，沈家本当年着力栽培之功，得见一斑。

沈家本的一生，是中国法治近代化坎坷不易的缩影，他在保定知府任上曾因处理教案问题而为八国联军所拘，生命几遭不测，坚定了其法治救国的决心；他在制定《大清新刑律》时曾因内乱罪不处以唯一死刑而被指责为庇护革命党，面临文字狱的危险；他在资政院闭会时的一跤，乃是以身殉道的体现。在历史的今天，如何继承沈家本宝贵的法治遗产，需要认真对待。

（原载《光明日报》2018 年 2 月 11 日第 7 版）

"光棍"节前谈光棍：法律史上的光棍罪

　　"双十一"将至，在商业化浪潮席卷神州大地，娱乐至死精神推波助澜之下，我们创造了一个购物狂欢的节日，借名为"光棍"节。语词不变，语义流变，所谓"光棍"，原指地痞流氓，是一种贬义的称谓，方言中指识时务的人，例如"光棍不吃眼前亏"，我们今天更为熟悉的"单身汉"意涵，精确的说法应为"光棍儿"（参见《现代汉语词典》，第5版）。从法律史的角度来看，所谓"光棍"，还是个罪呢！

　　根据学者的考证，光棍罪最早出现在明代英宗时期。[①]当时刑部尚书等人建议："今后两市城内外附近关厢市镇去处，有等无籍军民、旗校、舍余匠役人等，不务生业，三五成群，白昼在街撒泼，殴打平人，抢夺财物，及于仓场打搅纳户人等取财，号名光棍，通同官攒、斗级人等入仓搂扒，偷盗官粮事发，问拟明白，该犯笞杖及计赃不满贯徒罪，照依常例发落。若再犯与犯满贯徒罪至杂犯死罪，从重惩治。军旗舍余人等俱发边卫充军，民发口外为民；职官有犯，奏闻区处。"这一建议被皇帝认可，最终成为一则条例，名为"白昼抢夺三五成群及打搅仓

---

① 参见张光辉：《明清刑律中的"光棍罪"》，《亚洲研究》2008年第1期。

场充军为民例"（《皇明条法事类纂》，卷三十四）。如果以现代法学眼光视之，该条例可谓刑事特别法。其从适用空间看，规制南京、北京及其周边地区；从犯罪主体看，针对无籍军民、旗校、舍余匠役人等特定人群；从法律后果看，相比于同一范畴《大明律》的"白昼抢夺"律，采用加重处罚主义。一言以蔽之，这一条例反映了国家针对特定区域内特定人群的特定犯罪类型，实施严打政策。

光棍罪在设立后，结合具体的个案事例，在立法与司法中呈现出一种衍生裂变的态势。其在适用空间上，推广至其他区域，如通州、九江至苏州沿江一带、天津卫等处亦可适用（《皇明条法事类纂》，卷三十四，"通州一带地方拿获窃盗至徒流者枷号半个月、其喇虎三五成群抢夺财物在犯累犯者枷号一月充军为民例"，"沿江等处殴打平人抢夺财物照在京事例充军为民"，"禁约通州至天津卫沿途河光棍照依在京见行事例枷号充军"）；在犯罪主体上，除了原有的特定军民之外，与光棍相似的所谓"喇虎"乃至"但有凶恶之徒"皆可纳入；在构成要素上，突破了原来群体犯罪的规定，一人也可构成（"一人凶恶节次抢夺财物满贯徒罪充军例"），同时呈现出更加细则化的规定，有初犯、再犯、累犯之分；在法律后果上，继续加重，出现了枷号的附加刑罚；在适用标准上，诸多的新规则的出台恰可说明该罪适用无法取得一致性，需要不断通过法与时转的条例加以调整。

清承明制，清代有两则条例直接涉及光棍罪名，皆是"恐吓取财"律所附的条例，一则名为"棍徒生事扰害例"，另一则名为"光棍例"。前者为"凡凶恶光棍，好斗之徒，生事行凶，无故扰害良人者，发往宁古塔、乌喇地方，分别当差为奴。其官员有犯，该部奏闻发遣"（乾隆五年《大清律例》，卷二十五），从内容上看，其应与明代那则条例渊源颇深。后者为"凡恶棍设法索诈官民，或张贴揭帖，或捏告各衙门，或勒写借约，吓诈取财，或因斗殴，纠众系颈，谎言欠债，逼写文券，或因诈财不遂，竟行殴毙，此等情罪重大实在光棍事发者，不分曾否得财，为首者，斩立决；为从者，俱绞监候。其犯人家长父兄，各笞五十；系官，交该部议处。如家长父兄首者免罪，犯人仍照例治罪"。（《大清律例》，卷二十五）比较这两则条例，前者存在构成要件不明确的特征，很容易让人联想到已经被废除的1979年刑法的流氓罪，后者构成要件虽然客观具体，但其不仅所列各种罪状之间情节轻重不等，而且在处罚上采用连坐主义，严刑重法的色彩更加明显。

更有甚者，立法乃通过"照某例""依某例"这种法律拟制方式，将光棍罪严苛的刑罚适用于其他范畴领域，例如惩治鸡奸，"恶徒伙众，将良人子弟抢去强行鸡奸者，无论曾否杀人，仍照光棍例，为首者拟斩立决，为从若同奸者，俱拟绞监候"，严惩鸡奸者，很可能与当时男女比例失调，性犯罪层出不穷有关，与此相关对于强奸幼女者，也是"照光棍例斩决"。或者打击讼师，"审理词讼，究出主唆之人，除情重赃多，实犯死罪，及偶为代作词状，情节不实者，俱各照本律查办外；若系积惯讼棍，串通胥吏，播弄乡愚，恐吓诈财，一经审实，即依棍徒生事扰害例问发云、贵、两广极边烟瘴充军"。（薛允升著述、黄静嘉编校：《读例存疑重刊本》，卷四十三、卷三十）

不仅立法上扩张适用，而且司法中也出现了滥用光棍罪名的情况，对此清廷不得不加以限制。例如上述"光棍例"，后来修订就补上一段"如并无凶恶实迹，偶然挟诈逞凶，及屡次藉端索借，赃数无多，尚非实在凶恶者，仍照所犯之罪各依本律本例定拟，不得滥引此例"字样（《读例存疑重刊本》，卷三十），在通则性的法律适用条款"断罪引律令"的条例中，更明确指出"例载比照光棍条款，仍照例斟酌定拟外，其余情罪相仿，尚非光棍者，不得一概照光棍定拟"。（乾隆五年《大清律例》，卷三十七）

　　明清两朝的光棍罪，从法律体系的内部视角看，体现了律典与条例之间的紧张关系，律典为常经而宽简，条例为权宜而严苛，在"有例不用律"的适用次序下，可以看到这类犯罪重刑化的发展趋势；从法律与国家、社会之间关系的外部视角看，光棍罪的出现与适用，乃是对明清时期军制、人口、经济、民族等诸多政治、社会问题的反应。其无疑具有时代的特色，但从长时间段的法律史视角来看，并没有超脱传统法制律典与刑事特别法并立，特别法优先适用的立法、司法特质，"刑罚世轻世重"的政策导向，威慑控制社会的功能诉求等这些范畴，光棍罪伴随着清廷的覆灭而消失，但在近代中国的惩治盗匪法，当代中国的流氓罪、寻衅滋事罪的适用中，仍然可以看到其相似的身影。

　　我们更要看到，"光棍"从日常用语向法律术语的转变，并没有带来法律含义上的精确性，[①]甚至从某种程度上讲，其存在着一定"污名化"的倾向，尽管不否认有地痞流氓的存在，但也掩盖了那种被官方指为光棍，却是流离失所、生活无依的困

① 参见苏亦工：《清律"光棍例"的由来及其立法瑕疵》，《法制史研究》第 16 期。

顿之人，遮蔽了造成其生活不幸的社会因素。现代的我们不是也曾用所谓"盲流"这种带有歧视性的字眼来形容从农村流入城市者吗？孙志刚这位不幸的青年，不是因为被怀疑为"三无人员"而被收容遣送吗？

根据国家统计局公布的数据，2014年末，中国内地男性人口 70 079 万人，比女性多 3376 万。80 后非婚人口男女比例为 136∶100，70 后非婚人口男女比则高达 206∶100，男女比例严重失衡。[①] 面对未来可能出现的光棍儿危机以及诱发的社会诸多问题，我们应该未雨绸缪，从光棍罪的历史梳理中获得启示，避免采取严打型的治理模式，防止陷入历史循环的困境，通过良法善治予以积极应对。

（原载《法治周末》2015 年 11 月 11 日，

刊登时名为《"光棍节"里话光棍罪》）

---

① 王羚：《性别比严重失衡 3000 万男性或被"婚姻挤出"》，《第一财经日报》2015 年 9 月 30 日。

为什么是《中华帝国的法律》？

选择合适的读本是一门精读与研讨课程取得良好效果的关键，选修《中国法律史》这一研究生课程的主要是法学硕士、法律硕士和历史学专业的同学，他们一方面对法史学有浓厚的兴趣，另一方面除了个别法史学专业的同学外，大部分人对于中国法史仍然缺乏通览的视野，对其核心问题还没有全面的认识。在这种情况下，如何因势引导、因材施教，需要选择一本经典的具有通史视域和充分讨论空间的著作，使学生们可以照着说、接着说和借着说，同时也能够促进不同学科之间（例如法学与人文、社会科学）及同一学科内部不同专业之间（例如法理学与法史学、基础法学与部门法学）的交流互动。基于上述诸因素的考虑，在 2016—2017 年秋季学期的《中国法律史》课上我选择了美国学者博德与莫里斯合著的《中华帝国的法律》①

① Derk Bodde and Clarence Morris, *Law in Imperial China :Exemplified by 190 Ch'ing Dynasty Cases (Translated from the Hsing-an hui-lan) with Historical, Social and Juridical Commentaries* , Cambridge, Massachusetts: Harvard University Press, 1967. 中文版本由朱勇先生翻译，[美]D. 布迪、C. 莫里斯：《中华帝国的法律》，江苏人民出版社出版，中译本从 1995 年出版，迄今已经多次重印。另外还有中信出版社版本，同译者，该书 Bodde 翻译为卜德。

作为批判性研读的读本。本文分为三个部分，首先介绍本书在
学术史上的地位，其次介绍本书两位作者的履历背景，最后介
绍本书的特色。

一、学术史地位：开风气之先的典范之作

《中华帝国的法律》由哈佛大学出版社于 1967 年出版，作
为哈佛东亚法律研究丛书中的第一种，该书在西方的中国法史
研究中具有开风气之先的典范意义，正如华盛顿大学法学院的
琼斯教授指出："当时对于研究中国法的学者而言，首先需要确
认中国法的存在及其重要性，并且介绍该制度的一般特征及其
研究资料来源。这个阶段或许随着哈佛丛书的第一种即 1967 年
出版的德克·博德和克莱伦斯·莫里斯的《中华帝国的法律》而
告一段落。"①

这种对中国法尤其是古典中国法研究的兴起，其外在机缘
来自对新中国的关注，进而对古典中国研究产生连带效应。即
在朝鲜战争后，出于了解当代中国的需要，美国实用主义哲学
对学术研究热点发生影响后"爱屋及乌"的表现。正如博德指
出："直到最近（案：指本书出版前），研究中国的西方学者，
除了少数优秀的例外，对中国法研究几乎没有兴趣。今天，特
别是在美国，这种状况正在改变。然而，改变的动力在于人们

---

① Jones, William C., *Book Review*, 30 American. Journal of Comparative Law.
(1982), p.556. 这是琼斯教授对同为该系列丛书中的《中国法律传统》(*Essays
on China's Legal Tradition*) 一书所作的书评，文中提到《中华帝国的法律》
一书的历史地位。

对于毛泽东时代的中国关注，并非民国以前（1912 年以前）的法律本身，本书所要研究的正是民国以前的中国法，尤其关注其正式法典的部分。"[1]

从学术自身的内在理路来看，体现了西方学术界关于中国的研究从人文科学向社会科学的转变。即从以古典的语、文、史、哲为主要研究领域，方法上侧重经史诠释、文字训诂的"汉学"（Sinology）转向政治、社会、经济、科技、文化、教育、出版、信仰、性别研究及周边关系等皆入囊中，时间上跨越传统与现代，方法上引入社会科学多元方法的"中国学"（China Studies）。[2]就古典中国法的研究而言，这方面的变化尤其突出而且必要，博德深刻地洞察到传统汉学对于中国法研究的不足及其原因："为什么长期以来西方学者对于中国法漠不关心，理由很多。例如，早期西方汉学家，除了少数学者外，大都缺少法律方面的训练，或者对法律不感兴趣；中文法律典籍在语法和词汇方面的高难度；中国的学者通常认为法律典籍仅具有实用价值，没有美学与启迪意义，等等。"[3]一个生动的例证就是，哈佛大学法学院的安守廉教授（William P. Alford）回忆其当年开始研究

[1] See Derk Bodde and Clarence Morris, *Law in Imperial China :Exemplified by 190 Ch'ing Dynasty Cases (Translated from the Hsing-an hui-lan) with Historical, Social and Juridical Commentaries* , p.3. 并参见《中华帝国的法律》，朱勇译，第 1 页。

[2] 参见李焯然：《从"汉学"到"中国学"》，《光明日报》2015 年 4 月 14 日第 13 版。

[3] See Derk Bodde and Clarence Morris, *Law in Imperial China :Exemplified by 190 Ch'ing Dynasty Cases (Translated from the Hsing-an hui-lan) with Historical, Social and Juridical Commentaries* , p.3. 并参见《中华帝国的法律》，朱勇译，第 1—2 页。

生课程学习之时，历史学家芮沃寿（Arthur Wright）曾疑惑地问他道，像他这么一个看来聪明的年轻人，怎么会坚持在中国法律史的研究上浪费时间。① 因此，《中华帝国的法律》作为一本试图弥补古典中国法研究不足、纠正以往偏见的作品，正是当代西方关于中国学术研究范式转型的重要注脚和有益尝试。

二、作者组合：汉学家与法学家的通力合作

本书作为一本合著，两位作者皆来自宾夕法尼亚大学，一位是传统汉学家博德，一位是现代法学家莫里斯。

关于博德（1909—2003），其可谓著名汉学家。他以 94 岁高龄逝世后，《纽约时报》曾专门刊文介绍其生平与学术，以表纪念。博德与中国渊源颇深，因为其父曾在中国的大学教授物理，他在儿童时代就在中国待过三年，从此对中国产生持久的兴趣。1930 年他本科毕业于哈佛大学英语专业后，决定开始从事中国研究，凭借哈佛的奖学金，他得以在中国学习与生活了六年。1938 年他获得荷兰莱顿大学的汉学博士学位，并开始在宾夕法尼亚大学任教，1975 年荣休。在 1948—1949 年，他作为第一个富布莱特学者，曾在北京见证了国共政权的交替。博德是博雅之士，著述颇丰，有《古代中国的神话》《中国思想西

---

① See William P. Alford, *Law, Law, What Law？ Why Western Scholars of Chinese History and Society Have Not Had More to Say about Its Law*, Modern China, Vol. 23. No. 4, 1997, pp.398-399. 转引自尤陈俊：《"新法律史"如何可能——美国的中国法律史研究新动向及其启示》，《开放时代》2008 年第 6 期，第 71 页。

传考》《中华帝国的法律》《北京日记》《剑桥中国秦汉史（第一章）》《中国思想、社会和科学：前近代中国科学技术的智识与社会背景》《托尔斯泰与中国》等一百余篇（本）论著。①

中国学界对博德最为熟悉之处，应该是其作为冯友兰先生《中国哲学史》两卷本的英译者。②冯先生在另一本著作《中国哲学简史》中，曾专门致谢他重要的贡献：

"余著此书，于史料选材，亦既勉竭绵薄矣，复得借重布德博士（Derk Bodde）之文才，何幸如之。西方读者，倘觉此书易晓，娓娓可读，博士与有力焉；选材编排，博士亦每有建议。"③

无独有偶，历史学家何炳棣先生对博德这种沟通中西的翻译工作也多有褒奖：

"中国哲学、思想方面字汇，英译的工作难度较大，并非历史学人所能胜任；所以七七事变前夕，我以15元的高价在东安市场买了刚刚出版的 Derk Bodde 英译的冯友兰《中国哲学史》

① See Douglas Martin, *Derk Bodde, 94, a Longtime Scholar on China*, The New York Times, Nov.13, 2003；蔡慧清：《德克·卜德与中国文化》，《湖南社会科学》2006 年第 2 期。

② Fung Yu-lan, translated by Derk Bodde, *A History of Chinese Philosophy*, Vol. 1: *The Period of the Philosophers (from the Beginnings to Circa 100 B. C.*, Vol. 2: *The Period of Classic Learning (from Second Century B.C to the Twentieth Century A.D*, Princeton N.J: Princeton University Press, 1952—1953.

③ 冯友兰：《中国哲学简史》"自序"，北京大学出版社 1985 年版，第 1 页。该书原是冯友兰先生 1947 年在宾夕法尼亚大学讲授中国哲学史的英文讲稿，由博德编辑出版，Fung Yu-lan, *A Short History of Chinese Philosophy*, edited by Derk Bodde, New York, London: The Free Press, 1948. 后来由冯友兰的学生涂又光先生根据英文本翻译为中文出版。

上册，奔波流徙中始终随身携带。没有它，中国哲学史的字汇英文很难'通关'。Bodde 这部英译'杰作'大有益于我在海外的中国通史教学。"[1]

关于莫里斯（1903—1985），其乃科罗拉多大学法学学士（L.L.B. 1925），哥伦比亚大学法学硕士（L.L.M. 1926）。1952 年起他开始在宾夕法尼亚大学法学院任教，1973 年荣休，是侵权法和法理学的专家。他视野开阔，关注法律与其他行为科学之关系，曾任美国法学院委员会法律与心理学协会主席，1955 年在宾夕法尼亚大学创立了美国法学院的第一个法律与行为科学课程。[2]

莫里斯对中国法有着浓厚的兴趣，宾夕法尼亚大学法学院的大厅中立有一座古典中国法传说中善于决断疑难案件的獬豸铜像，便是其委托宾夕法尼亚著名雕塑家 Henry Mitchell 于 1962 年铸造而成。这种兴趣源自 1959 年秋季，宾夕法尼亚大学东方研究系举办了一个为期两年的东方法制研讨班，莫里斯参加了该班，并深度参与了负责中国部分的博德的工作。在研讨班结束后，他邀请博德和宾夕法尼亚大学的另外一位汉学教授 W. Allyn Rickett 共同开设一门中国法律思想的课程，这门 1961 年开始的课程可能是美国和欧洲的法学院单独开设的第一门中国法课程，在开设的五年里，广受好评。他们三人的分工是博德负责传统中国时期，W. Allyn Rickett 负责民国与共产党政权时期，莫里斯负责综合统筹，将博德与 W. Allyn Rickett 的

---

[1] 何炳棣：《读史阅世六十年》，广西师范大学出版社 2005 年版，247 页。

[2] See Jefferson B. Fordham, "Clarence Morris", *University of Pennsylvania Law Review*, Vol. 121, No. 3 (Jan., 1973), pp. 419-422.

具体材料整合于法律的主题之下。为了提供可供学生阅读的资料，莫里斯还设法获得法学院的法学研究机构的资助，使得博德与 W. Allyn Rickett 可以搜集与翻译大量的中国法律资料。这门教学与研究相长的课程的代表成果就是由博德与莫里斯合作的《中华帝国的法律》、W. Allyn Rickett 和莫里斯合作的《中华人民共和国的法律思想和制度》。莫里斯对中国法研究的贡献还有：1963 年 3 月，他在宾夕法尼亚大学举行的亚洲研究协会年会上，帮助组织了一个"中国的法律与社会变化"的论坛，并借此机会，在法学院举办了首次全美中国法研究者的鸡尾酒会，成果是提议并促成了美国学术团体协会与社会科学研究协会的当代中国联合委员会关于《中华人民共和国法律与行政辞典》的编纂。1965 年，他成为当代中国联合委员会下设的中国法委员会的三名创设委员之一，该中国法委员会筹办了系列学术会议，加强美国与国外研究者的合作，并出版了《当代中国法：问题与视角》《中国法律传统》等会议文集。①

可见《中华帝国的法律》一书，是汉学家与法学家通力合作的产物。这种合作从东方法制研讨班到中国法律思想课程，从发其端倪、研讨写作到最终付梓，历时八年（1959—1967）。从本书的参考书目尤其是西文著述部分来看，其不仅是对中国法史概论到各朝专题研究的代表性著述皆有罗列，尤为难得的是附有简明扼要的评述，实际上起到文献综述的功能，一册在

---

① See W. Allyn Rickett, "Clarence Morris and His Contribution to the Study of Chinese Law", *University of Pennsylvania Law Review*, Vol. 121, No. 3 (Jan., 1973), pp. 427-429.

手，当时的研究现状可谓一目了然。以上种种，可证本书是一本沉潜积淀、精心酝酿之作。

三、本书特色：法学特质、比较视野与研讨空间

（一）法学特质

两人的合作可谓相辅相成，彼此不可或缺。具体而言，莫里斯的法学背景使得其能够从法学视角提出问题，促进博德对历史资料的爬梳整理；博德的汉学功底使得其能够理解古典文字，促进莫里斯对中国法的深入探究。可以说，浓厚的法学特质是这本书最大的特色。在这方面，最为典型的例证就是对清代的大型案例集《刑案汇览》《续增刑案汇览》和《新增刑案汇览》（以下简称《刑案汇览》三种）的充分使用，本书的英文书名专门以很长的副标题 "Exemplified by 190 Ch'ing Dynasty Cases (Translated from the Hsing-an hui-lan) with Historical, Social and Juridical Commentaries" 加以凸显。

关于案例的由来，依据莫里斯在本书序言中的介绍，中国法律思想课程最初使用的案例资料，只是他从阿拉巴斯特的《中国刑法评注》、《邸抄》（案：政府的官报）译本和冯·古利克翻译的《棠阴比事》之类的英文文献中搜集的简单摘要形式的案例，但后来发现这种松散资料的不足，其是说明性而非纪实性的，尽管能够很好地服务于原著，但对于法学院的课程而言过于简略，缺乏专业性的说明。在这种情况下，他们将目光转向了中文原始文献，为此博德选择了《刑案汇览》三种。他们从1736—1885 年间的 7600 多个案例中，以趣味性和代表性为标

准，挑选并翻译了 190 个案例，用于课堂讨论并最终收入本书。
其具体流程是：首先，他们让一位年轻学人在博德的指导下翻
译出《刑案汇览》的目录；其次，根据目录由莫里斯挑选出值
得研究的条目，并尝试判断其中特别重要的；复次，年轻的学
人们翻译出每个条目所收入的至少两个案例，莫里斯标明重要
的则翻译出更多；最后，译文的初稿先由博德批阅后，再交给
莫里斯进行删修或者统一润色意见。他们希望通过这种由博德
负责指导评议，莫里斯进行法律上编辑修订的方式，能够获得
令人满意的案例译文。但因为年轻的译者们缺乏对《大清律例》
的充分理解和中国法史的基础，博德不得不投入大量的时间来
修订每一份译稿，很多与原稿相比已经是面目全非，同时他还
增加并亲自翻译了一些新的案例。①

　　需要指出，充分利用《刑案汇览》三种这类一手案例集并
非本书的首创，在此之前，社会学家瞿同祖先生的《中国法律
与中国社会》一书中已有类似的做法。但两者对比，法学家与
社会学家的视角显然不同，如果说瞿同祖是通过案例来观察中
国传统社会的组织结构，主要采用法外视角的话，《中华帝国的
法律》除了同样利用案例来观察清代中国的社会与政府（第一
篇的第六章），与《中国法律与中国社会》异曲同工之外，更专
门开辟长达两篇之篇幅（本书共三篇）从法内视角开展研究。
其既有像第二篇对筛选出来的 190 个案件进行逐案评述，以案

---

① See Preface, Derk Bodde and Clarence Morris, *Law in Imperial China: Exemplified by 190 Ch'ing Dynasty Cases (Translated from the Hsing-an hui-lan) with Historical, Social and Juridical Commentaries* ,vi-vii. 并参见《中华帝国的法律》，前言，朱勇译，第 2—3 页。

释法，解析《大清律例》的相关条文，亦有像第三篇以代表性的案件为基础，归纳清代司法中法律解释的各种类型，探究其背后的机制原理，这种法律推理的研究进路具有某种分析实证法学的意味，更像是作为法学学科的法律史的研究方法。

（二）比较视野

本书是一本介绍中国古典法的著作，也是一本比较法的作品，即古典中国法与西方法（主要是普通法）的比较参照。两位作者对于中国古典文明皆带有温情与敬意，例如莫里斯就认为中国法是一种主要的非西方文明的关键试金石，将其当作更好理解自身制度的钥匙。[①] 因此，本书能摆脱某种意识形态的成见，持论比较客观公允。

例如平和地看待不同法律与文明之间的关系：

"法律是衡量不同文明的重要标准，中国法律与西方法律的作用截然不同，表明了两类文明之间基本的社会差别，这一点值得我们详细研究。"[②]

例如指出中国传统刑罚与近代化前的西方相比，相对人道与宽和：

"与西方法律相比，中华帝国的法律在有些方面更加人道，

---

① See W. Allyn Rickett, "Clarence Morris and His Contribution to the Study of Chinese Law", *University of Pennsylvania Law Review*, Vol. 121, No. 3 (Jan., 1973), p. 429.

② See Derk Bodde and Clarence Morris, *Law in Imperial China :Exemplified by 190 Ch'ing Dynasty Cases (Translated from the Hsing-an hui-lan) with Historical, Social and Juridical Commentaries* , p.6. 并参见《中华帝国的法律》，朱勇译，第 4 页。

更加合理。例如在中国，盗窃罪一般不处以死刑，除非所盗赃物的价值超过一百二十两白银，或者屡次盗窃、三犯累积赃物价值在五十两白银以上。而在工业革命前的英格兰，法律却规定窃盗商店价值 5 先令的货物即处死刑。这项法律规定一直到1818 年为国会四次否决之后才被废止。"①

"在 18 世纪的英国，'从谋杀到轻微盗窃，法律规定可处以死刑的罪数达 300 项以上'。与其相比，中国的唐、宋、元、明四代的法定死刑数都在 300 项以下。"②

例如理性地评价中国古典诉讼制度：

"覆审制度，尤其是有关死刑案件的秋审、朝审，可以说是人类智慧的杰出成果。无疑该制度复杂、规定繁琐，也许过于仪式化，很可能浪费大量人力，但毕竟创制了一种有别于我们的'正当程序'，值得骄傲和自豪。"③

这种学术比较对于置身中国法历史长河，"只缘身在此山中"的我们同样富有启发意义，例如与其他文明古国相比，中国法

① See Derk Bodde and Clarence Morris, *Law in Imperial China :Exemplified by 190 Ch'ing Dynasty Cases (Translated from the Hsing-an hui-lan) with Historical, Social and Juridical Commentaries* , p.41. 并参见《中华帝国的法律》，朱勇译，第 30 页。

② See Derk Bodde and Clarence Morris, *Law in Imperial China :Exemplified by 190 Ch'ing Dynasty Cases (Translated from the Hsing-an hui-lan) with Historical, Social and Juridical Commentaries* , p.103. 并参见《中华帝国的法律》，朱勇译，第 97 页。

③ See Derk Bodde and Clarence Morris, *Law in Imperial China :Exemplified by 190 Ch'ing Dynasty Cases (Translated from the Hsing-an hui-lan) with Historical, Social and Juridical Commentaries* , p.142. 并参见《中华帝国的法律》，朱勇译，第 136-137 页。

具有理性主义特征而缺少宗教因素；中国人最初曾以敌意来看待法律，认为其是对道德的背叛，等等。通过比较，我们可以更加客观认识与深度反思中国的法律传统，从而摆脱"为赋新词强说愁"和"故乡月最明"的偏颇状态。

（三）研讨空间

综合法内与法外，兼具比较之视野，结合思想和制度，使得本书具有充分的研讨空间。例如关于中国法的范畴，其采取了广义的定义，赞成瞿同祖的看法即"研究中国古代法律，必须礼书、法典并观，才能明其渊源，明其精义"，在此基础上，对儒法的关系、法律儒家化等法律史的经典问题发表自己的意见，并提出富有理论价值的"法律自然化"的概念。凡此种种，作为一本西方关于中国古典法通史的拓荒之作，其观点、概念、问题、命题或者成熟，或者青涩，或者洞见，或者不妥，颇值得对话与商榷。

有意思的是，本书中有所涉及，但未能明晰解决的一个重要历史细节问题曾在无意中促成了法史学大家张伟仁从当初研究国际法转向中国法律史。对此张伟仁先生专门留有记录，可证对其影响之深：

"Bodde 是宾州大学的教授，以研究中国传统文化享有盛名。那年（案：1966 年）暑假到哈佛来演讲 Chinese Traditional Legal System，谈清代的司法。讲到'勾决'，他说那是皇帝用朱笔在死罪人犯的名单上画一个大圈，名字被朱笔扫到的人便该处死。说了此话之后，他问道：清代刑事程序从传讯、初审、覆审，一步一步十分严密，为什么到了最后竟由皇帝如儿戏似的决定了罪犯的生死？在座的听众约四、五十人，面面相觑，其中有些认识我的，转头看我，因为我是听众里唯一的一个中国人。然而我也答不上来，被大家这么一看，使我涨红了脸，不知所措。Bodde 接着又问中国人真是神秘莫测吗？然后又自行作了一番解释，似乎说公平正确的判决是极为难得的，最后的决定常常含有一些偶然的成分在内。这话听来很是玄妙，但大家都觉得有点奇怪，我则羞惭得无地自容，不仅因为答不出他的问题，更因为对于他所说的清代刑事程序也不甚了了。作为一个中国人对于自己的文化如此朦胧，贻笑于外邦，实在可耻！因为上述两事（案：另一事指 Cohen 向张伟仁先生提问大清律例的问题他回答不出），我发愤去探究中国传统法制，天天去哈佛燕京图书馆埋头苦读清律和有关典籍，希望能尽快弥补自己的阙佚，原来想到波士顿访友度假的，结果却做了三个月的密集学习。Cohen 对我的努力印象很深，所以在暑假结束前问我要不要留在哈佛继续研究中国传统法制。我说我仍想学国际法。他说学国际法的人很多，而懂得中国传统法制的人极少，如果能将这部分中国文化播扬于世，比去海牙审理几个案件的贡献大得多。他这些话加上我因为对于中国传统文化的无知而感到强烈的羞惭，使我答应了他。"[1]

　　博德到访哈佛的时间，正是《中华帝国的法律》即将出版的时候，他的这种疑惑也留在本书的行文之间。关于"勾决"这个问题，张伟仁先生后来在查阅史语所的"三法司"档案中得到解决：

---

[1] 张伟仁：《学习法律的一些问题》，《法制史研究》第十期，中国法制史学会、中研院历史语言研究所主编，2006 年 12 月，第 191—192 页。

　　"例如'勾决'一事，档案中有不少题本对'勾'前的程序有详细的叙述，而'勾'这一动作并非皇帝以朱笔在死刑人犯名单上画一个大圈，而是将每个应予处死之人的姓名上个别作一'勾'号，然后又在勾到本的首幅以朱笔写明'这所勾的某某某、某某某〔将被勾之名一一抄录出来〕著即处决，余著牢固监候'。这些步骤当然是为了确切防止误行勾决而设计的，十分谨慎细密，绝非儿戏，看到这些文书之后又想起 Bodde 的话，不禁哑然失笑。"①

　　此段无心插柳而念兹在兹的学术典故，恰可从一侧面证明本书具有继续深入探讨的价值，这也是对《中华帝国的法律》这一法史学经典著作进行研读的重心所在。

　　　　（本书是 2016—2017 年秋季学期研究生《中国法律史》课程的导读，原载《法史学经典著作研读：〈中华帝国的法律〉》，清华大学出版社 2018 年版）

---

① 张伟仁：《学习法律的一些问题》，《法制史研究》第十期，中国法制史学会、中研院历史语言研究所主编，2006 年 12 月，第 196 页。

张之洞体用思想的法律困境

古人讲"立德、立功、立言"三不朽，张之洞的"旧学为体，新学为用"，可称得上立言之列，其出自光绪二十四年（1898）《劝学篇》。在这本脍炙士林，并以《中国唯一之希望》（*China's Only Hope*）之英译本流传世界的名著中，张之洞试图调和当时的新学、旧学之争，发明一种中庸之径。在其看来，"图救时者言新学，虑害道者守旧学"，两者比较，"旧者不知通而新者不知本，不知通则无应敌制变之术，不知本则有非薄名教之心"，皆有不足之处。

在张之洞的语境里，将四书五经、中国史事、政书、地图归为旧学范畴，将西政、西艺、西史归为新学范畴，在两者关系上，"旧学为体，新学为用"。具体而言，西政包括"学校地理、度支赋税、武备律例、劝工通商"，西艺包括"算绘矿医、声光化电"，两者相比，"救时之计、谋国之方，政尤急于艺"。这说明在戊戌前后，张之洞已经将向西方学习的视野由器物层面转到制度层面，职是之故，法律的重要性不言而喻，张氏特别注明："西政之刑狱立法最善"，意味着其对西方法律多有关注。

光绪二十七年（1901），张之洞和两江总督刘坤一联衔上《江楚会奏变法三折》，折一有关育才兴学四条，折二有关整顿中法十二条，折三有关采用西法十一条，三折奠定了晚清新政早期的基本框架。张之洞作为重要的起草者，不仅在行文中贯彻其所提倡的"旧学为体，新学为用"思想，更身体力行，先后以地方实力派的湖广总督和中央兼管学部的军机大臣之身份参与新政。改革百废待举，法制也是其中重要一环，典型有如整顿中法之"恤刑狱"，采用西法之"定矿律、路律、商律、交涉刑律"。变法从改律开始，在随后与袁世凯、刘坤一共同推荐修律人选的奏折中，正是张之洞建议学习日本法律，延聘日本法学专家，从而奠定了修律以日为师的基调。

但随着新政进入仿行宪政的深水区，张之洞的体用思想在新法的制定中，矛盾日趋凸现，在观念上可以体用二分，在实践中则无法泾渭分明。法律既有工具性"用"的一面，亦凝聚意蒂牢结（ideology）、与传统无法割裂的"体"之一端，以《大清新刑律》为例，其立法宗旨需自我标榜"折衷各国大同之良规，兼采近世最新之学说，而仍不戾乎我国历代相沿之礼教民情"，意即承载着统一、更新、守成的多重功能，新旧之间的紧张性已跃然纸上，甚或可称为"不可能的任务"。

果不其然，新刑律草案公布之后，礼法论争随之爆发。据当年事件的亲历者董康回忆："学部大臣张之洞，以刑法内乱罪不处惟一死刑，指为祖庇革党，欲兴大狱，为侍郎宝熙所阻，复以奸非罪章无和奸无夫妇女治罪明文，指为败坏礼教。"在新刑律草案中，一方面仍维护传统君权、父权、夫权等纲常礼教，另一方面与固有律例相比，力度有所减弱。因此内乱罪区分首从处罚，不再像原来谋反大逆罪不分首从一律处死，通奸罪只惩治有夫奸，对无夫奸不予科罪。凡此种种，皆触动了张之洞

"体"之底线，具有丰富官场斗争经验的他知道如何最有力地打击对手，祖庇革命党这一颇有文字狱色彩的构陷如果上达"但知权力"的慈禧处，新刑律的主持者沈家本等人恐有深陷囹圄之虞。尽管张之洞曾是沈家本修律的保举人之一，但在原则问题上，却颇有手起刀落的架势。虽然宝熙的厚道化解了这一危机，但张之洞巨大的影响力仍使得无夫奸入罪写入了新刑律的《暂行章程》之中，成为礼法论争最富争议性的话题。若不是他在 1909 年驾鹤西去，打破礼教、法理两派的势力均衡，新刑律能否以今天传世的面目颁布，委实很难说——别忘了，之前正是他极力反对，《刑事民事诉讼法》胎死腹中。

严格上讲，"旧学为体，新学为用"并非张之洞的原创，梳理思想谱系，通常认为其发轫于冯桂芬，我们更为熟悉的"中学为体，西学为用"则明确出自沈寿康的《匡时策》。与这些思想家相比，张之洞的特别之处在于，不仅在理论上有全面系统的论述，而且知行合一，投入实践之中，法律上的体用冲突正是其中的表现之一。从这个角度讲，我们将"立言"的智慧产权归之于他，也不无道理。

用进化论的视角来看，张之洞可归为保守者行列，但这种保守，在历史的今天看来，却是有文化自信的保守，是有原则底线的保守，其可以商榷与批评，但值得重视与尊敬，在国学貌似繁荣的今日，世间却已无张之洞。

（原载《方圆律政》"新语论史"专栏，2014 年 6 月号）

第二编　问学谏往

环境与问学
——翻书偶得

　　数年前读张五常先生的《凭阑集》，谈到"在经济学的历史上，似乎只有两个年代，两个地方，有那样热闹的思想'训练'所。其一是三十年代的伦敦经济学院，其二是六十年代的芝大。我由六七年至六九年在芝大，能身临其境地躬逢其盛，算是不枉此生"。60年代的芝加哥大学，是何炳棣先生眼中该校历史上的第二个黄金时代。诺贝尔奖得主云集，各种思想激荡争鸣——科斯只身赴会，舌战群儒的经典一战，即发生于此——学术气氛之浓，可谓一时无两。神往之余，也对其间因果颇为好奇。

　　近日机缘巧合，读到入江昭先生带有自传性质的《我与历史有个约会》。关于入江氏，笔者孤陋寡闻，之前只在何炳棣先生的大著《读史阅世六十年》中邂逅过，两人在芝加哥大学共事，何炳棣评价历史系同侪，认为在日本方面，出身外交世家的入江昭学问最好，口碑最为可靠。以何先生的眼界之高，这种赞誉可谓难得。此番拜读之下，才对其学术思想与学界影响有所了解，惭愧惶恐。有关理论问题此处不表，该书提供学术掌故多种，尤其谈到芝加哥大学一处，似可解前惑，兼与他书对照阅读，又有浮想联翩，随手记下，与诸君分享。

有别于张五常对当时人事的传神介绍，入江昭用平实的话语谈道："调入芝加哥大学后，它给我的最初印象是，这是一所比起本科教育更重视研究生教育的大学，学生、教授都非常热心学习。大学是'精神生活'即用头脑来生活的集合体，这种意识在这所大学里贯彻得非常彻底。大多数学生除了学习以外，对其他事情都没有什么兴趣，实际上，除了图书馆和教室，他们所能使用的休闲设施基本没有，在这种氛围下，如果不是热爱学习的人，肯定是待不住的。"张五常说当年芝大经济学系一周有五个工作坊，唇枪舌剑，"毁"人不倦，想想释然，用略带调侃的话来讲，环境单调如此，这帮人不研究学问还能有啥乐子啊！

职是之故，便能理解何炳棣当年婉拒李中清的良苦用心。李中清是李政道先生的公子，当年希望到芝加哥大学跟随何先生读本科，何炳棣建议其先申请去耶鲁读书，到研究生阶段再来芝大。理由就是"芝大及其周遭有似一座寺院，生活和文物远非曼哈顿比。年轻的人在这寺院般环境中熬了四年之后可能感到厌倦"。李氏父子听从何炳棣建议，四年以后，李中清果然如约从耶鲁而至，补上这段师生之缘。今天李中清先生执掌香港科技大学历史系牛耳，忆及陈年往事，恐怕也要会心一笑呢。

联想自身，20世纪90年代，笔者考入中国政法大学读书。北上前遇到同一中学在北京上学的师兄，此君半开玩笑地说："这所学校不在北京，在山谷里呢。"顿时心凉半截。抵京之后，由亲戚开车送往昌平，车子在当时未通高速的公路上奔驰，征途漫漫，似乎永无止境，夜幕垂下，四周黑寂，唯有车灯两束，映出离家少年长长的愁绪。入校之后，借十一国庆之机，入城访友，当时有小公共，喊的是往"北京、北京"的划一号子，言者无心，提醒听者有意，争相拉客，上演赛车竞速。公交车那番人头涌动、前赴后继、车中无立锥之地的一幕，今天正在河北燕郊重演。一番往返，身心俱疲，从此多做宅男。法大硬件一般，但好在学术气氛甚浓。教学楼内，你方唱罢我登场，讲座连台，各取所需，偶有选择烦恼。2002年德沃金来，笔者重返母校凑趣，却发现连举办讲座的阶梯教室大门也挤不进去——人太多。于是四年下来，虽然后知后觉，懵懵懂懂，也好生向往学术之心，印象最深的是季羡林老先生讲座时的一句话"只有中国文化才能拯救世界"，冥冥之中似乎对我后来的专业选择有所感召。

对比之下，如今清华，位处五道口宇宙中心，早已经不再是当年萧公权坐骡车，清晨从西直门出城，中午近十一时方能抵达的清华园——那时也是城外呢。但今天老师们纳闷的是，众多精心准备，延请名家的讲座，听者寥寥，让人好生感慨，同学们都去哪了？

作为戏迷的何炳棣当年曾"自我诅咒"：如果在清华读书期间进城听一次京戏，留学考试就必名落孙山。他坦言："我当时非常明白，不是每个周末都能有效地吸收新知，有时会白白消耗于青春多维的烦恼，反不如偶或以'美'的享受纾解长期困读的疲乏。可是，看一次杨小楼就想看第二次，就想看郝寿臣……一件事'屈服'就会引起第二件事的'屈服'。预设自咒明明是'傻瓜'，傻瓜就傻瓜吧！"

入江昭本科时期入选学校优等生荣誉联合会会员，当老师告之该联合会名字是"热爱知识是人生的智慧"之意时，入江为此泪流，他谈道："大三一整年，埋头苦学，连玩的时间都没有，也曾自己问自己：为什么要这样学习呢？如果将其解释为这都是为了'热爱知识'，那我也就认可了。"

西南联大时期，瞿同祖完成了《中国法律与中国社会》这部名著，他谈到当时的创作情形："在昆明时生活和工作条件艰苦，敌机不时来袭，在呈贡乡间住了一年，夜间以菜籽油灯为照明工具，光线昏暗，不能写读，八时即就寝，于是就在床上反复思考写作中遇到的问题。有了腹稿，次晨便可奋笔疾书了。"当有人问，"抗战时期怎么能安心研究写作呢？"老先生的回答出人意料，没有豪言壮语，没有忆苦思甜，只有淡淡一句"当时我也做不了其他事情"。

三人行，必有我师，三位风格不同的名家言行，对今天莘莘学子，可有触动？

环境亦好，平台也罢，多是锦上添花的事，归根到底还是个人的品性与修养，我等切勿本末倒置，请拿起书来，与知识和真理作伴。

（原载《清华大学清新时报》"新宇说"专栏，2014 年 5 月 3 日）

釜底抽薪：韦伯中国法问题的再反思

有道是：一流企业做标准，二流企业做技术，三流企业做产品。借此打个不恰当的比方，一流的学人往往也是定标准的，例如我们今天要谈的马克斯·韦伯（Max Weber, 1864—1920），他以"形式—实质""理性—非理性"这两对范畴，建构了一个观念框架，给古今中西的法律定了个标准、分了个类别、排了个次序，分别是：形式非理性、实质非理性、实质理性、形式理性。排排坐，分果果，可谓"天下英雄尽入吾彀中矣"。

据此，我们古典的中国法在这个标准下，就有了个特质——实质非理性，同时还有另外一个响亮的名字，叫"卡地（Kadi）裁判"，意即回教法官审判，有时也称"王室裁判"。韦伯理论之魔力，可谓风靡席卷全球，其对中国法的判断，也影响了西方汉学界和中国法学界，进而"认真对待"，研讨会热烈讨论之、专书论文评论之，其重心所在，乃在中国古典法制是否有"确定性"，也即理性的问题。

学术当然需要较真，翻阅此类著作，笔者十分受益，但也发现一个问题，就是讨论的界域，大都围绕着韦伯的标准打转，其结果有如：韦伯对中国法有误读，中国法有一定程度的确定性，中国法更应该属于"实质理性"的范畴等等，也就是说，或质疑其所用材料，或商榷其结论，或"接着说"其命题。借用后现代的话语，我们被"规训"了。

就笔者阅读所见，对韦伯分类标准已经有所质疑的是步德茂（Thomas M. Buoye），他认为："拿卡迪审判对比于西方理性法律体系的韦伯式二分法，即早便该予以扬弃了……继续沿用卡迪审判这个名词来象征任意而专断的司法体系，只是徒然反映了东方主义糟粕的阴魂不散而已。特别是在此时此刻，这样的沿用不仅不合事实，还危险地导出一种在对待种族问题上极有害处的刻板印象。将此名词再用来描述中国的法律体系，也只是让这种无知与偏见变得更加泛滥无涯。"步德茂的这番判断应该来源于两个方面：一是对伊斯兰法颇有研究的学者已经认识到卡地司法是理性而非恣意，以将其当做非理性审判模式的代称颇有问题；一是步德茂自身对清代的刑科题本颇有专研，阅读档案的实证经验引发其理论上的反思。

当然，步德茂也仅仅是对韦伯的东西方法律类型的二分模式有所质疑，似乎还没有深入其标准的内部。笔者愚钝，细细地品读韦伯大著，隐隐地感觉其分类标准颇有问题，弱弱地请教于方家。

首先，所谓"形式"，其内涵上是不一样的，其分为"表征的形式主义"与"逻辑抽象的形式主义"两类，前者指如"说出某些话语、签名盖章，或作出某种意义上绝对不会弄错的象征性行为"，后者则是"法律上重要的事实特征借着逻辑推演而解明含义，并且以此形成明确的、以相当抽象的规则之姿势出现的法律概念，然后被加以适用"（《法律社会学》，康乐、简惠美译）。差异甚大的两种"形式"，因为"真实"而被统为一类。

但韦伯关怀之重心，显然更在"理性"这一概念上，笔者感觉，"形式"与"理性"，在韦伯的语境里，既是并列关系，又是偏正关系，从而构成"形式 + 理性"与"形式的理性"这两种可能之解释，这或许也就是为何韦伯还要说出"所有形式的法，至少在形式上，相对而言还是理性的"这样模棱两可、欲言又止的话。也正是基于此，所谓"形式非理性""实质理性"，其内在实际上存在着矛盾关系。如以理性程度为法律发展阶段之标准，其是否真如"形式非理性—实质非理性—实质理性—形式理性"之次序？作为一个分析框架，你可以说其富有理论的"张力"予以解经诠释"接着说"，也可以说其内在扞格冲突而很难驾驭适用。

其次，所谓"实质"，意味着具体问题具体分析，其引用之标准来自法典之外，并又以该标准是否有规范意义构成了"理性"与"非理性"之区别。但何为规范，何为纯粹的价值判断，实际上是很难区分开来的。譬如中国价值因素的"情理"，就包含有国家制度规范的"礼"、乡俗和人情等诸多因素，规范意义与非规范意义并存，可谓剪不断理还乱。有意思的是，相对于"实质非理性"诸如人民裁判、革命法庭、近代的陪审裁判、英国治安法官的裁判、王室法庭、神权政治和家产制君主的裁判等等数量众多之例证，韦伯的"实质理性"之例证则显得语焉不详。即便是对韦伯颇有专研的林端教授，在其论文中似乎也颇为踌躇，其在《韦伯法律社会学的两大面相》（收入《儒家伦理与法律文化》，2002 年）一文以图表展示韦伯的分析框架时，"实质理性"一栏空白，在稍后出版的《韦伯论中国传统法律》（2003 年）一书中，相同的表格处，才补上"自然法"字样，并声明是"法国大革命的自然法"。我部分同意林教授的观点，即"韦伯虽然注意到有形式的理性化与实质的理性化两种趋势，但是他特别强调前者的重要性，有关后者的分析相当有限，类似他的法律社会学的残余属类"。但是否也可以说，现实中法律或许就没有该实质理性的理想例证？

或许对于韦伯，我们更应关注其宏大的视野而不必纠缠细节的偏颇。中国学界对韦伯中国法定位问题上的敏感，从文化意义上讲乃是一种对于法治心理上的不自信，从学术意义上讲乃在文明类型比较积累的不足。中国古典法制的研究，无论是清末变法因需论证建立近代法制正当性而有意贬抑，还是现代作为马克思经典社会阶段进化论下的被"封建糟粕"标签，其更多是"今文经学"的功能而少"古文经学"之探索。在当代研究中摒弃韦伯式西方中心论的文明类型比较之共识下，首先需要改变的是"唯大胡子爷爷马首是瞻"的潜意识。

（原载《检察日报》2012 年 10 月 25 日第 3 版）

反特权法治与连坐
——李某案的法律史学思考

最近引人注目的李某寻衅滋事案，从宪政视角上国家权力如何合理分配、从具体制度层面上刑罚与行政处罚如何合理衔接、从法律解释技术上不同层次法源如何合理处理等，都大有讨论的空间。但笔者在这里，拟从法律史学的角度，寻觅其线索和启示。

史籍《贞观政要》"论公平第十六"有这样一段记载："五品已上有犯，悉令曹司闻奏。本欲察其情状，有所哀矜；今乃曲求小节，或重其罪，使人攻击惟恨不深。事无重条，求之法外所加，十有六七，故顷年犯者惧上闻，得付法司，以为多幸。"

按照《唐律疏议》，职事官三品以上，散官二品以上及爵一品者乃八议中的"议贵"，属于"议章"的范畴，官爵五品以上者属于"请章"的范畴，有此等身份的人，除了十恶等特定类型的犯罪，其犯死罪的，需上请，流罪以下的，自动减刑一等。两者对照，可以发现"令"在某种程度上变通了律典的规定，对所有情况，都需要奏请，由人主定夺。其结果却是实践走到本欲宽减处罚的立法意旨之反端，出现了普遍重刑化的情况，造成犯法者宁愿走常规的司法程序。所以论者批评说"君私于上，吏奸于下，求细过而忘大体，行一罚而起众奸，此乃背公平之道"。

在古典时代，从《礼记》中的"刑不上大夫"、《周礼》中议"亲、故、贤、能、功、贵、勤、宾"的"八辟"，汉代的"有罪先请"、曹魏《泰和律》的"八议"、陈律的"官当"，乃至唐律"优待臣下，可谓无微不至矣"的议、请、减、赎、官当等集其大成，抛开其思想原点可能的合理性不谈，从其理论与制度而言，无疑都可以反映出古典法治中法律特权之存在。但同时也要看到，其间会出现如《贞观政要》所录的反特权法治的吊诡现象。在从贵族法治到帝制法治的发展演变中，随着君主集权的加强，治吏力度的加大，官员的法律特权也在不断限缩。在明清时代，唐律上述"请章"的条文已然不存，八议的"应议者有犯"也如唐代那个特殊的"令"，只有奏请，却无自动减刑，宽赦抑或加重处罚，全交由人主权断，最终甚至出现了清朝"八议"的存而不用。在帝制时代，官、民之间虽然有着贵贱之别，但为维护皇权，必要特殊时刻，两者的差别则可以消弭，甚至"明主治吏不治民"，以重典治吏，走向某种"反向歧视"，难怪古代士人认为其不公平。

在家族本位的古典时代，父子之间"父子至亲，分形同气"的关系，使得其无论是荫及还是缘坐，皆是一荣俱荣，一损俱损的最直接紧密的关系。当年宋江未上梁山之前因为"做吏最难"，为了避免连累父母不惜断绝父子关系，教其"告了忤逆，出了籍册，各户另居，官给执凭公文存照，不相往来"。近代"引刀成一快，不负少年头"的汪精卫在革命前，也有类似为保护家人而与家庭决裂的举措。所谓"王侯将相宁有种乎"固然是揭竿而起者的豪气，实际上仍折射出那个时代"有种"之客观存在。而古典小说与现实生活中"衙内"形象深入人心，正是民众对特权制度及其恩荫关系的感触与厌恶之体现。时至近、当代，从所谓"老子英雄儿好汉，老子反动儿混蛋"的血统论到网络流行的"拼爹"，无不说明了在家族制度解体，个人本位立法的时代中，传统因素从思想到实践中的影响之深、之固，梅特兰的名言"虽然我们已经埋葬了诉讼形式，但它仍从坟墓中统治着我们"，正是此最好的注脚。

在李某案的处理中，笔者看到了隐性的连坐和反特权法治之影像。加害人因为其父为名人而受到高度的曝光，媒体与法界人士，甚至突破了《未成年人保护法》第58条"对未成年人犯罪案件，新闻报道、影视节目、公开出版物、网络等不得披露该未成年人的姓名、住所、照片、图像以及可能推断出该未成年人的资料"的界限，法成具文！北京市公安局在这种高度舆情的背景下作出的行政处罚，如果说《刑法》（1997）第17条、《预防未成年人犯罪法》（1999）第38条"收容教养"之规定，以及《未成年保护法》（2006年12月）第59条对《预防未成年人犯罪法》之援引使该具体行政行为具有"合法"性基础，但通告中不知是有意抑或疏忽，没有提供可作为量刑重要情节的被害人伤情情况，似乎也没有考虑被害人和加害人亲属在一定程度上已经取得有效沟通这一重要事实，而《治安管理处罚法》（2006年3月）已经将行政拘留作为最严厉的手段且不适用于不满十六周岁者（第10条、第21条），兼以公安部相关批复中的先例参照，此番案件中行政处罚的合理性是仍存疑问且颇值商榷的。从"拼爹"到"坑爹"乃至"被爹坑"，本案在事实与法律的纠缠中，如1997年四国赛上巴西对阵法国，卡洛斯那一脚永载史册、匪夷所思的超级任意球，划出了一道诡异的弧线，而我们，是否有点像当年瞠目结舌的门神巴特斯等一干法国球员？

从君主制到民主制，从君主权断的"主"到人民当家作"主"，如何保持这个"主"的合乎理性，合乎社会长期良性发展之需要，是一个重要的课题。如果说古典时代的君主权限可依赖祖制、天象与官僚集团予以制约，但最终无法形成有效的机制的话，今天主要通过法治予以治理。与古典时代臣工只能提供法律意见，由乾纲独断不同，当代法治中的自由裁量权委任于行政与司法机关，如何克制且有效地行使这种权力，应该是中国特色社会主义法律体系建成后亟需解决的问题。

民国时期的学者王伯琦先生在其名著《近代法律思潮与中国固有文化》中，曾提到了独立人格的养成是超前立法的出路，此番真知灼见，迄今仍有重要的启示意义。在我们从立法上由家族本位走向个人本位之时，如何真正对传统去其糟粕、存其精华，在少子化的时代、在社会急剧转型贫富差距日趋扩大的今天，其不仅是一个法律问题，更是一个社会问题。

附录：

北京市公安局通报全文

公安机关经工作查明，2011年9月6日21时许，李某（男，15岁，北京市人，学生）、苏楠（男，18岁，北京市人，学生）在海淀区马连洼北路西山华府小区附近因纠纷谩骂、殴打他人并损毁他人驾驶车辆。9月7日，公安机关依法以涉嫌寻衅滋事罪将李某、苏楠刑事拘留审查。在审查中，李某、苏楠对上述犯罪事实供认不讳。综上所述，李某行为构成寻衅滋事犯罪，依照《中华人民共和国刑法》第17条之规定，公安机关决定对李某由政府收容教养1年，已送交执行；另已决定依法对苏楠提请逮捕。

警方同时查明，案发时李某系无证驾驶未悬挂号牌车辆（车牌号为京J79272），存在未取得机动车驾驶证驾驶机动车、驾驶未悬挂号牌车辆等多种交通违法行为。对此，市局交通管理部门依据《道路交通安全法》及相关法规对李某进行了处罚。其中，对李某未取得机动车驾驶证驾驶机动车的行为处以行政拘留7日，因李某未成年裁决行政拘留不执行。针对京J79272车辆存在多起未处理的非现场违法行为，交管部门曾于2011年1月10日至8月29日依规定向车辆所有人李某邮寄了8次《交通违法行为未处理告知书》。目前，上述违法行为也均已处理完毕。

关于案发时苏楠驾驶的机动车悬挂车牌问题，经晋O00888车牌管理机关山西省公安厅交管局牌照设施所认定，并有其他相关证据佐证，苏楠案发时驾驶机动车上悬挂的牌照系伪造。苏文斌（男，45岁，山西省原聚通汽车贸易有限公司董事长，苏楠父亲）因涉嫌伪造国家机关证件罪已被公安机关刑事拘留审查。

目前，案件仍在进一步审理中。

（原载《检察日报》2011年9月29日第3版，

刊登时名为《反特权法制与连坐》）

变幻的二审？
——孙小果案琐思

一

2019 年 7 月 26 日下午，中央电视台新闻直播间栏目播报了云南省高级人民法院依法对孙小果案启动再审的消息，本案相关的法律问题在再审决定书中有了比较全面的披露，引发了我的兴趣，恰好与之前了解的信息对比参照，解答存留的疑惑。

在刚刚过去的春季学期里，我给清华大学非法学专业的学生开设《法律基础》一课，当介绍到刑法部分时，因为孙小果案成为全国瞩目的焦点，有不少同学来咨询对案件的看法。为了更好地回答学生的问题，我开始查索该案的裁判文书。在"中国裁判文书网"检索不到该案判决书，在"北大法宝"数据库中发现了"孙小果等 8 人强奸妇女、强制侮辱妇女、故意伤害、寻衅滋事案"的资料。

孙小果等8人强奸妇女、强制侮辱妇女、故意伤害、寻衅滋事案

被告人孙小果，曾用名陈果，男，21岁，云南省昆明市人，原系武警昆明边防学校战士。1994年10月28日因犯强奸罪被判处有期徒刑三年（在监外执行）。1997年11月12日，因强奸等犯罪被刑事拘留，12月22日被逮捕。

被告人党俊宏，男，23岁，云南省昆明市人，无业。1997年11月13日因强奸等犯罪被刑事拘留，12月22日被逮捕。

被告人杨平，男，19岁，云南省昆明市人，无业。1997年11月13日被刑事拘留，12月22日被逮捕。

被告人陈思明，男，24岁，云南省昆明市人，无业。1997年12月12日被刑事拘留，12月22日被逮捕。

被告人金吉，男，22岁，云南省昆明市人，无业。1997年11月13日被刑事拘留，12月22日被逮捕。

被告人苏某，男，17岁，云南省普宁县人，学生。1997年11月18日被刑事拘留，12月22日被逮捕。

被告人赵俊晖，男，18岁，云南省罗平县人，学生。1997年11月13日被刑事拘留，12月22日被逮捕。

被告人崔凯，男，19岁，云南省昆明市人，无业。1997年11月13日被刑事拘留，12月22日被逮捕。

此案经昆明市公安局侦查终结后，移送昆明市人民检察院审查起诉。1998年1月29日，昆明市人民检察院以孙小果等被告人犯有强奸罪、故意伤害罪、强制猥亵侮辱妇女罪、寻衅滋事罪向昆明市中级人民法院提起公诉。昆明市中级人民法院经审理查明：

1、1997年6月1日，被告人孙小果、党俊宏等人在大明星太空城玩时，与女青年张某某、赵某某相遇，孙小果硬拉张、赵二人一起去吃宵夜，后又强行将张、二人带到茶苑楼宾馆906号房。在该房内还有其他人情况下，孙小果不顾张的反抗，强行奸污了张某某。

2、1997年6月5日，被告人孙小果将女学生菠某某、史某叫到昆明市茶苑楼宾馆906号房，强行奸污了菠某某。

3、1997年4月的一天晚上，被告人孙小果在茶苑楼宾馆908号房，强奸了16岁少女宋某。

4、1997年6月17日晚，被告人孙小果在昆明市兴绍饭店301号房，欲强行与幼女张某发生性关系，张不从，孙便指使被告人崔凯、冉智（另案处理）对张毒打威胁，并强行留张在房内不准回家。

5、1997年11月7日21时许，被告人孙小果为让17岁的少女张某某说出其表妹张玉萍和男友汪贵庆的下落，便纠集指使被告人党俊宏、杨平、陈思明、金吉、苏某、赵俊晖等人，将张某某及其女友杨某某扣留到昆明市月光城夜总会，让被告人赵俊晖看守杨某某。孙小果及其他被告人将张某某带到夜总会"温州K46"包间内，孙小果等人即对张进行殴打、侮辱，轮番对张进行拳打脚踢，并用孙某叫来的筷子和牙签刺张的乳房，用烟头烙烫张的手臂，还逼迫张用牙齿咬住大理石茶几并用肘猛击张的头部。次日凌晨，孙小果等人又将张某某、杨某某挟持到昆明市本豪胜娱乐城啤酒屋2楼，在公共场所又对张、杨进行毒打，再一次逼张用牙咬住大理石茶几边缘，用肘击打张的头部。凌晨4时许，孙小果等人将张、杨二人带至昆明饭店大门口，孙小果一伙轮番对张进行拳打脚踢，致张昏迷。被告人党俊宏及杨琨鹏（另案处理）解开裤子，将尿冲在张某某的脸上。被害人的伤情经法医鉴定为重伤。

6、1997年7月13日凌晨2时许，被告人孙小果、党俊宏、崔凯、赵俊晖以及杨琨鹏等人，与邝光兴、王德等4人在昆明市博娱乐城因要小姐发生争执，孙小果等人便驾车追至东风路市中医院门口，孙小果开车将邝光兴乘人乘坐的五菱面包车逼撞在路边灯杆基座上，后孙小果等人用刀、砖头将邝光兴、王德等人打伤。经法医鉴定，邝、王的伤情为轻伤偏重。

7、1997年10月22日19时许，被告人孙小果、党俊宏、杨平等人在昆明市祥云街一火锅店吃饭。其间，孙小果等人无故寻衅，冲到隔壁牛菜馆内，将饭菜倒在该店就餐的杨静秋头部、脸上，并拿起桌子上的碗、盘子、玻璃杯等物砸打杨静秋的头部和身上，致杨左手中指被打断，头部两处被打破，缝合6针。

8、1997年6月初的一天晚上，被告人党俊宏在昆明市茶苑宾馆906房间与13岁少女史某发生了性关系。

昆明市中级人民法院经审理，于1998年2月18日，依照1979年颁布的《中华人民共和国刑法》第一百三十九条第一、二、三款、第五十三条第一款，以及1997年修订的《中华人民共和国刑法》第二百三十四条第二款、第二百三十七条第一、二款、第二百九十三条、第二百五十五条第一款、第二十六条、第二十七条、第六十七条、第六十九条、第七十一条、第十七条第一、三款、第七十二条、第十二条、第八十七条和第八十九条之规定，作出如下判决：

一、被告人孙小果犯强奸罪，判处死刑，剥夺政治权利终身；犯强制侮辱妇女罪，判处有期徒刑十五年；犯故意伤害罪，判处有期徒刑七年；犯寻衅滋事罪，判处有期徒刑三年；加原因强奸罪所判余刑二年四个月又十二天，数罪并罚，决定执行死刑，剥夺政治权利终身。

二、被告人党俊宏犯强制侮辱妇女罪，判处有期徒刑十二年；犯故意伤害罪，判处有期徒刑七年；犯奸淫幼女罪，判处有期徒刑六年；犯寻衅滋事罪，判处有期徒刑二年；数罪并罚，决定执行有期徒刑二十年。

三、被告人杨平犯强制侮辱妇女罪，判处有期徒刑六年；犯故意伤害罪，判处有期徒刑四年；犯寻衅滋事罪，判处有期徒刑一年；数罪并罚，决定执行有期徒刑八年。

四、被告人陈思明犯强制侮辱妇女罪，判处有期徒刑二年；犯故意伤害罪，判处有期徒刑三年；数罪并罚，决定执行有期徒刑四年。

五、被告人金吉犯强制侮辱妇女罪，判处有期徒刑二年；犯故意伤害罪，判处有期徒刑三年；数罪并罚，决定执行有期徒刑四年。

六、被告人苏某犯强制侮辱妇女罪，判处有期徒刑二年；犯故意伤害罪，判处有期徒刑一年；数罪并罚决定执行有期徒刑二年。

七、被告人赵俊晖犯寻衅滋事罪，判处有期徒刑一年，缓刑一年。

八、被告人崔凯犯寻衅滋事罪，判处有期徒刑一年，缓刑一年。

一审判决后，孙小果等人不服，向云南省高级人民法院提出上诉。云南省高级人民法院经审理，依法驳回上诉，维持原判。

尽管北大法宝将这份资料定性为"二审判决书"，但行文之中称孙小果等人为"被告人"而不是"上诉人"，因此其内容毋宁是一审判决书加上二审裁定书结论。从中披露的有关孙小果的裁判，一审昆明市中级人民法院的判决是"被告人孙小果犯强奸罪，判处死刑，剥夺政治权利终身；犯强制侮辱妇女罪，判处有期徒刑十五年；犯故意伤害罪，判处有期徒刑七年；犯寻衅滋事罪，判处有期徒刑三年；加原因强奸罪所判余刑二年四个月又十二天，数罪并罚，决定执行死刑，剥夺政治权利终身"。二审情况仅有简略一句，"一审判决后，孙小果等人不服，向云南省高级人民法院提出上诉。云南省高级人民法院经审理，依法驳回上诉，维持原判"。

学生们的问题主要聚焦在二审既然维持死刑何以最终能够死里逃生，其疑惑自然不免受到舆论流传的孙小果神秘身世的影响。因为当时信息不全，我只能简单做出两点回应：一个是从法律角度看，中国存在死刑复核制度，这很可能是死刑复核的结果；一个是从事实层面看，坊间所传的情况未必可信，在事实尚未清楚的情况下不宜武断。

二

这次央视公布的云南省高级人民法院再审决定书对当时一审、二审情况的介绍是"1998 年，昆明市中级人民法院对孙小果以强奸、强制侮辱妇女、故意伤害、寻衅滋事罪判处死刑"，"1999 年，云南省高级人民法院二审改判其死刑，缓期二年执行"。与北大法宝的资料对比，一审相同，二审则出现了"死缓"这一新情况。

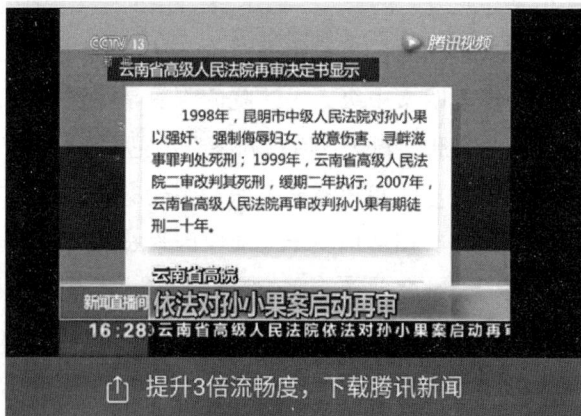

云南高院向孙小果送达再审决定书
视频曝光：签字后被戴上手铐带走

央视 36万次播放

当代中国死刑有两种执行方式：一种是死刑立即执行，只适用于罪行极其严重的犯罪分子。另一种是死刑缓期执行，简称死缓，即设置两年的缓刑执行期间，如果没有故意犯罪，二年期满以后，减为无期徒刑；如果确有重大立功表现，二年期满以后，减为十五年以上二十年以下有期徒刑；如果故意犯罪，查证属实的，由最高人民法院核准，执行死刑。（1997年刑法第四十八、五十条）。

孙小果一审被判处死刑，即死刑立即执行，如果北大法宝的资料情况属实，二审裁定维持原判，结果同样是死刑立即执行，但根据云南省高级人民法院的再审决定书，当时第二审是改判为死刑缓期执行。如果两者皆为真，为什么在二审中会出现一次裁定和一次判决共两次裁判，最终从死刑立即执行变为死刑缓期执行，出现了死里逃生的重大变化？

审慎起见，为了核实北大法宝资料的来源，我再次进行查索，最终在中国法学会主管主办的《中国法律年鉴（1999年）》（中国法律年鉴社1999年版，第843—844页）找到其出处，孙小果案被收入到该年鉴的第十部分"案例选编"之中，其内容与北大法宝一致，只是在该词条的末尾，增加了编辑者的单位和姓名信息"最高人民检察院监所检察厅 牛正良"。《中国法律年鉴》中该案资料的发现，一方面印证了其具有相当的可靠性，另一方面说明北大法宝将之定性为"二审判决书"的确名实不符。

三

当代中国的死刑案件，无论立即执行还是缓期执行，都需

要经过死刑复核程序，其中死刑立即执行的案件应由最高人民
法院核准。但因为时代特殊因素，从上世纪 80 年代起部分死刑
案件即"杀人、强奸、抢劫、爆炸等严重危害公共安全和社会
治安犯罪死刑案件"的核准权曾下放到高级人民法院和解放军
军事法院，期间更经历了下放期限延长、适用范围扩大等变化，
直至 2007 年死刑立即执行案件的核准权才收归最高人民法院统
一行使。[①] 孙小果犯强奸等罪，符合死刑核准权下放的犯罪类型
范畴，因此其死刑应由云南省高级人民法院核准。

云南省高级人民法院的再审决定书中讲到"二审改判……"，
结合北大法宝的资料，梳理当年可以适用的规范，从学理层面
上看，孙小果死里逃生存在两种可能性：

第一种：依据最高人民法院《关于审理刑事案件程序的具
体规定》（1994.03.21 生效，2013.01.14 失效）（只摘录条文中适
用本案的相关内容）

第一百六十九条

授权高级人民法院核准死刑的案件，按下列情形分别办理：

（一）略

（二）中级人民法院判处死刑的第一审案件，被告人上诉或
者人民检察院抗诉的，高级人民法院经第二审、复核同意判处
死刑的，作出维持死刑判决的裁定；不同意判处死刑的，可以
提审或者发回重新审判；

（三）略

[①] 参见《死刑复核权的放与收》,《法治周末》432 期,2018 年 8 月 18 日,第 2—3 版。

如果是这种情况，孙小果在云南高院可能经历了：（1）二审裁定维持原判（死刑立即执行），（2）死刑立即执行核准不通过，（3）高院提审改判为死缓，（4）死缓核准通过。

第二种：依据《最高人民法院关于对执行死刑前发现重大情况需要改判的案件如何适用程序问题的批复》（1999.02.08 生效，2013.02.26 失效）

对核准死刑的判决、裁定生效之后，执行死刑前发现有刑事诉讼法第二百一十一条规定的情形，需要改判的案件，应当由有死刑核准权的人民法院适用审判监督程序依法改判或者指令下级人民法院再审。

关于 1996 年《刑事诉讼法》第二百一十一条，规定了三类情形：

（一）在执行前发现判决可能有错误的；

（二）在执行前罪犯揭发重大犯罪事实或者有其他重大立功表现，可能需要改判的；

（三）罪犯正在怀孕。

如果是这种情况，孙小果在云南高院可能经历了：（1）二审裁定维持原判（死刑立即执行），（2）死刑立即执行核准通过，（3）执行死刑前发现其有刑事诉讼法第二百一十一条规定的情形之一（最大可能性是第二类即"在执行前罪犯揭发重大犯罪事实或者有其他重大立功表现"），高院通过审判监督程序改判为死缓，（4）死缓核准通过。

但不管上述哪一种可能性，现实情形可能都要比公告介绍和学理分析复杂吊诡得多。从裁定维持原判到改判刀下留人，本案变幻不定的二审现象，将可以作为典型案例写入法律史，所谓法的安定性，依旧任重而道远。

四

管见以为，本案有三点感悟与启示：

首先，裁判文书上网实有必要。其除了可以提供丰富的案例素材，有利于加强法学实践性教育，更重要的是可以提高司法透明度和法官说理水平，便于监督。但从目前看，不免有遗憾之处，例如北大法宝数据库中昆明市官渡区人民法院（2019）云0111刑初9号孙小果故意伤害罪一审刑事判决书，就因为"人民法院认为不宜在互联网公布的其他情形"之原因，仍无法看到其内容。

其次，死刑核准权由最高人民法院统一行使实有必要。以往大家更多关注的是其可以统一死刑适用标准、减少冤假错案等方面，而本案所揭示的死刑核准权下放，还可能出现改重为轻，使得罪大恶极者逃脱极刑的弊端。需要指出，当前死刑核准权回收到最高人民法院，只是死刑立即执行这一类型，死刑缓期执行仍然由高级人民法院核准，因此严格上讲，不是完整意义上死刑核准权的统一回收。此类问题涉及宪法层面，兹事体大，有待另撰论文，从大历史的视野，从长而计之。

第三，关于孙小果的家世问题，我认可央视对其家庭成员情况的通报。这可以澄清之前舆论对其背景的揣测和谣传，有助于让大家将焦点回归案件本身。当然，从目前披露的情况看，这种并非显赫的背景（母亲是昆明市公安局官渡分局原民警，继父曾任昆明市公安局五华分局副局长和五华区城管局局长，生父是昆明市某单位职工），却能造成如此之多涉嫌违纪违法、枉法裁判的严重后果，所涉人数之众、时间之长、性质之恶劣，背后原因更值得深入检讨反思。所谓"官无封建，吏有封建"，古典时代的胥吏现象问题，当代仍然需要警惕警觉。

　　当前本案的热点是其2007年的再审和即将启动的再再审，小文则侧重于1999年的二审问题。应该说写作初衷，只是作为教师对于学生的提问，从自身本职工作出发，在学理层面做出的回应，所谓纸上谈兵，夫子自道，如此而已。

（原载"法学学术前沿"微信公众号，2019年7月30日）

我在现场：孟女士引渡保释听证会旁听记

2018 年 12 月 11 日早上 9 点余钟，在温哥华寒风冷雨之中，我来到卑诗省高等法院（the Supreme Court of British Columbia）旁听孟晚舟女士引渡保释听证会（bail hearing）。这场万众瞩目的案件，从当地时间 12 月 7 日（周五）开庭，周末休庭，10 日（周一）持续，迄今已经是第三天。之前两次听证会，一次因与 UBC 亚洲图书馆的老师已有预约，一次因抵不过冬季难得阳光灿烂的诱惑而去户外长跑，皆遗憾错过。所谓事不过三，作为法律人，对这种重大案件自应去观摩。从 10 日听证会透露的信息看，11 日很可能会有最终结果。在此双重因素影响之下，我来到了法庭现场。需要指出，对于这场听证会的介绍，我将尽可能以客观理性的立场如史直书，与其说是法学者，毋宁是历史学者，"知我罪我，其惟春秋"。

所谓 the Supreme Court of British Columbia，并非一般想象的省最高法院。加拿大是联邦制国家，有联邦法院系统与各省（地区）法院系统两套体系，后者例如卑诗省，其法院体系分三级，从低至高分别是 Provincial Court，Supreme Court 和 Court of Appeal，因此 Supreme Court 可称为省高等法院，Court of Appeal 才是省最高法院。在温哥华市区，Supreme

Court 和 Court of Appeal 同处一栋大楼，而隔街相望就是 Provincial Court。

（以上两张照片是听证会结束后所照，时天已放晴）

到达法院之后，发现听证会场所，位处三楼的第 20 法庭外面已经排起长队。此番排队共分两轮，第一轮是一字长蛇，第二轮是进入法庭玻璃门后，内有一大堂，在此分流，各表一枝，媒体一队，公众一队，最终正式进入法庭。这次旁听无需出示证件，我专门携带的护照没有派上用场，也没有扫描等安检措施（此前我曾旁听过一个刑事案件需要安检）。有法警数人在场维持秩序，依次放行引导，井然有序，我约在 9 点半多进入法庭旁听区域就座。

第 20 法庭应该是这里最大的法庭之一，其旁听区域可容纳 150 余人，媒体与公众各半，座位席分居左右。旁听席面对庭审室，中间有一玻璃隔层，里面一举一动，清晰可见，并配有数台电视屏幕，以便观览，听证发言有声音外传装置，在旁听席同样清楚可闻。从旁听席的角度观察，庭审室内，法官座席位处正中而居高临下，法官座席的正下前方，是书记员的座席。书记员的座席之后，有专门区域的三列座席，这是检辩双方的位置。庭审室的左方，是陪审团的座席，本案无需陪审团，所以空置。庭审室的右下方，有一宛如公交站候车亭的玻璃罩座席，这是案件当事人和翻译的座席。我注意到这次在旁听区域内，媒体的座席被安排在当事人座席的后面，这很可能是为了方便媒体报道，有意为之。

9 点 45 分，检辩双方的律师们陆续到场，寒暄交谈。不经意间，孟女士已经抵达庭审室内。她身着绿衣，三次听证会，其衣服乃同色亦很可能同款。需要指出，这并非某些传言所谓囚衣，乃得体的私人衣服。至于为什么选择这一色调，一位旁听者认为绿色代表和平，可能是有代表性的解读。孟女士在庭审室内，身上没有看到械具，庭审室内的法警和翻译皆为女性。在其座位上，孟女士先以手插裤袋的姿态站立，神态轻松，给人感受是见过大场面，处事不惊，有大将风范。在与自己律师团队的交流中，我注意到她的手势较多，这可能是领导者的职业习惯。

10 点 21 分，法官到场，全体起立。下午开庭时这种场面再现，一位彼时才来旁听的华人下意识地问一句，是否要唱国歌啊，幽默插曲一段。负责本案的法官一人，名为 William Ehrcke。依据卑诗省高等法院的网页介绍，其在 2003 年被任命为卑诗省高等法院法官，目前身份为编外法官（Supernumerary Justice）。所谓 Supernumerary Justice，依据维基百科，指"法官已经从全职法官职位退休，但仍继续兼任法官工作"，可谓资深法官。编外法官从全职法官职位退休，因此空出的法官名额可以增补新人，同时可以继续发挥余热，贡献审判经验丰富的专长。在加拿大，成为编外法官的条件是"任职法官至少连续15 年并且年龄加法官任职时间不少于 80 年，或者已经 70 岁并且任职法官至少连续 10 年"。

William Ehrcke 是一名优秀的法官，举止得体，发言不多但清晰有力，有很好的庭审驾驭能力。留下深刻印象的有三处：一处是在开庭伊始即强调听证会的公开与透明，一处是在最终裁决时强调司法独立，这两处皆可以推测是对外界关注的适度回应，还有一处是在本次开庭不久，辩方刚提出增加四位新的保证人（surety），检方马上表示强烈抗议（原因很可能是开庭前辩方未将新增保证人的信息交给检方，对此辩方回应说会给检方复印件），但法官表示先让辩方讲完。事后有加拿大朋友告知，英文报纸曾有报道，此前保释听证会刚开始时法官曾说"这不是逮捕，只是拘留"（It is not an arrest, it is a detention order.）。如果其确实说过这话，两词的微妙区别可反映出法官内心对于行为性质认定不同，arrest 需建立在比较坚实的犯罪证据的基础上，而 detention 则是基于一定的合理原因但并无实证。

关于检辩双方，从人数上看，孟女士的律师团队有 6—7 人，检方团队有 3 人。从年龄构成上看，前者年资较长，后者比较年轻。孟女士的主辩律师是 David J. Martin，据其律所的网页介绍，他习法于英属哥伦比亚大学（UBC），从事刑事辩护工作已有三十五年，先后担任过三家律所的合伙人。从表现来看，曾有媒体批评 Martin 之前的辩护不到要点，但从第三次听证会的情况看，在此前 12 月 10 日第二次听证会中孟女士的先生因为不具备本地居民身份而被检方质疑作为保证人资质的情况下，能够马上在第二天就增加四名具有本地居民身份的保证人——按 Martin 的说法是通宵工作——其工作团队的效率还是很高，或者可能已有预备方案的，当然这方面需要当事人强大的人脉配合支持。我注意到该律师团队中有华人律师的身影，在某种程度上解答了我之前的疑惑。据媒体披露，在第一次听证会时辩方曾提出中国有"面子"文化，孟女士如果在保释期间逃离，会让其父亲、公司和国家蒙羞，以此作为申请保释的理由之一。此番所见，该理由应该出自更加熟悉中国文化的华人律师之手。

　　检方给我留下深刻印象的有两处：一处是上文提的因为新增保证人问题的抗议，当时坐在检方第二排的一位年轻公诉律师（Crown Counsel）在辩方还未展开全面陈述之时，马上起身打断，其双手左右大幅展开，表达不满，这也是当天难得一见的剑拔弩张。其他时间双方各自轮流发言，彼此以职业习惯称呼对方为"我的朋友"（my friend），听证会整体气氛平和。另一处是在检方之前提出的 1500 万加元保释金很可能不被认可的情况下，其不再明确提出数额，而是反复强调保释金应该是一个重大的数额（a great amount）。

　　关于旁听的公众，从构成比例上看，以华人占绝大多数，亦有不少因为晚到座满，在外守候。使人印象深刻的有两事：一事是中午 12 点半休庭公众需要出来，重新排队等待下午入场，这时离下午 2 点开庭尚有一段时间，考虑到排队人数已经不少，外出买饭后再来排队可能无法入场，我犹豫一下后决定放弃午餐。此时队伍中一位华人大姐主动问我，她要去买快餐，是否需要帮我带一份。当时外面下雨，素昧平生，其善意让我心感温暖。后来大姐带回食物，我们边排队边用餐闲聊，得知她是孟女士的街坊，原本不知孟女士身份，觉得孟为人低调，在得知听证会之事后特地赶来连听三场，以表支持。可以说现场像这位大姐一样持支持态度而来的华人甚多，下午 3 点余钟，法官裁决允许保释，旁听席上响起一片掌声。

另一事是上午开庭中间有短暂休庭，旁听席上两位华人争论起来，一位男士持政治干预司法论，认为法院不过走过场而已，结果已经有定论，一位女士持否定意见，其指着玻璃隔层说，都这样（公开透明）了，结果是法官决定的。我想这种分歧具有代表性，这不仅是在场华人，也是众多国人对此事件不同意见的折射。

下午 3 点多钟听完听证会，走出法院，回头看到 Supreme Court 字样，想起自己最初也曾误以为这里是最高法院，莞尔失笑，亦有所悟，在词与物之间，我们会以某种概念前见来理解异国他乡之物，有时不免出现偏差。本案乃因大国政经矛盾而转化为法律问题，就"司法"一词而言，需要区分行政权的"司法"（司法部）和司法权的司法（法院）。本案青蘋之末，发端于美国司法部（United States Department of Justice），乃行政权的重要组成部分，积极主动且在当下表现得恣意任性。正如加拿大一位律师朋友所言，在美国以往案例中，不乏有本国公司违反其联邦政府的政策或法律，向伊朗等国家出售违禁品/科技，结果只是对公司罚款了事，没有拘捕公司高层人员，为何这次就采用双重标准？

案件目前暂时停留于加拿大卑诗省高等法院，乃司法权的载体，克制中立。两权之间存在着制衡关系，不应视为一体，混为一谈。进一步讲，美、加两国虽然同属普通法系，但两种普通法理念亦存在差异，而即便在美国法律界，也有当地律师朋友认为本案中美国司法部的理由很是牵强。因此，大国博弈即便需区分敌我，也应以国家理性谨慎甄别。

这时的天气，不同于来时风雨交加，天空居然得见阳光，在此惟愿法治（rule of law）得以抵御行政的恣意，从而保障人权，即便"也无风雨也无晴"。

（原载"法学学术前沿"微信公众号，2018 年 12 月 19 日）

司法改革背景下的法官转职
——读易胜华《致 T 兄——写给一位即将辞职的法官的信》的几点疑问

　　近日，易胜华律师的《致 T 兄——写给一位即将辞职的法官的信》在微信里流传甚广。2014 年 7 月 9 日最高人民法院发布《四五改革纲要》，同日中共上海市委全面深化改革领导小组审议并原则通过《上海市司法改革试点工作方案实施意见》，在司法改革浪潮即将全面展开的背景下，作为弄潮儿的法官何去何从乃焦点所在。易胜华的信以律师的视角、朋友的身份，对即将辞职的法官 T 提出择业、执业建议若干，正是此背景下的产物。笔者阅读之下，有几点疑问：

　　首先，易君致 T 兄信是否应该公之于众？ T 法官欲辞职转行为律师，咨询易律师的律所是否可以接纳，因此促成易君以长信作答。信中提到当年 T 法官对其的帮助，心怀感恩，但表示愿意倾力相助的同时，也提醒 T 法官需要注意的问题。朋友之中，以诤友最为难得，古人云"士有诤友，则身不离于令名"，易君此番忠言逆耳，本应点赞，但将此信公开，就将性质变了味。如果信中所谓 T 法官只是虚拟人物，也就罢了，若是确实存在，且未经同意，将好友准备辞职的私隐公之于众，尤其是在对方仍有"不舍和依恋"之时，此间利害，不言而喻。在当今网络信息时代、在法律界的熟人社会中，以为 T 作代称，就能掩饰得住，未免"犹抱琵琶半遮面"，只是"皇帝的新衣"罢了！在律师伦理中，有保守客户秘密的义务，有人相询，类比客户，法治精神如此，契约精神亦然，抛开专业不讲，普通人之间，尚且应该恪守己所不欲、勿施于人的黄金律，何况敬你信你的朋友？一言以蔽之，厚道乎？

其次，易君对法官现状的了解是否准确？对于 T 先生这样四十多岁的资深一线法官们，过去的十年，他们面临着诉讼爆炸、案多人少等现实压力，掣肘于发改率、调解率等考核指标，困顿于行政化、社会化等职业定位。如果我们看到现实中很多一线法官（特别是基层法官）"白加黑"（白天工作、晚上加班）、"5 加 2"（5 天工作日加 2 天休息日）的工作状态，就不会简单地认为 T 法官"习惯了朝九晚五、准点吃饭、周末和家人在一起团聚的有规律的生活"，如果我们了解他们有时会面临各种"你懂的"干预和各类"死磕"，就可以感受他们的职业尊严可能已经降低到历史的最低点（当然，司法腐败带来的一损俱损负面效应也是重要原因）。至于法庭内外当事人和律师的那类毕恭毕敬，对于法官之人情练达者、品行高洁者，也未必会将其上升到职业尊荣高度，更非是"沉重的肉身"不可或缺之一部分。《四五改革纲要》的要点之一是法官的人事管理，其提出：建立法官员额制，对法官在编制限额内实行员额管理，确保法官主要集中在审判一线，高素质人才能够充实到审判一线。纲要将法院人员分为法官、审判辅助人员和司法行政人员，实行分类管理。以数据为例，改革后的上海各级法院中，法官占所在法院人员总数的 33%，其余 67% 的人则为审判辅助人员和司法行政人员，皆为法官服务。[①] 在法官回归审判中心而专业化、精英化的同时，其审判权限、薪酬待遇、晋升机制等将得到提高和改善。在现实背景下，改革出发点是合理的，如 T 法官这样的人才更应该是改革的受益者。当然，理想丰满，关键还在实施，届时法官遴选委员会是否能真正发挥选贤与能之作用？法官定额制下是否会因为论资排辈造成本末倒置、劣币驱逐良币？……凡此种种，皆有疑问。个人推测，T 先生踌躇不定的原因，并非信中简单所谓"升迁无望""理想落空"之类云云，更可能是一位从事审判多年的法官在改革之中又将重新面临法官遴选，胸中不免郁郁，持不确定感，对改革之后法官地位、待遇是否能满足理想预期存有疑虑等等，此乃人之常情。现实之中，相对于 T 先生这种年逾四十有一定地位的资深法官，三十出头的资历较浅法官因为遴选身份变为审判辅助人员而辞职的可能性更大。（所以如果 T 法官只是杜撰人物，易君在其年龄设计上不具代表性）

第三，易君对于律师收入的介绍是否矛盾？法官转行为律师，希望增加经济收入是重要的原因之一，此乃常识，君子爱财，只要取之有道即可。依据《中华人民共和国法官法》规定，法官从人民法院离任后二年内，不得以律师身份担任诉讼代理人或者辩护人。因此刚辞职出来的法官如欲当律师，在易君眼中，"一个既不能办案，又不懂律师实务，而且还不肯去勾兑拉关系的律师新人"，其报酬等同于律师助理之类的新人是合理的。

[①] 赵蕾、任重远：《二十万法官大过滤：谁能留下》，《南方周末》2014 年 7 月 17 日。

根据易君介绍，"在北京，正常情况下，一名通过司法考试，硕士研究生毕业的律师助理，刚入职的月薪大概在 3000 元左右，而且竞争非常激烈"，在此之前，易君却又谈到，"连我新聘的大学刚毕业（按：根据措辞很可能是本科生）的助理，工资是你现在的两倍以上，对你来说这是个极大的刺激"。据我了解，律师助理的收入需具体分析，律师事务所有内所与外所之别，内所又有公司制与非公司制之异，计酬方式也有月薪、月薪加年终奖、计时等多种，差别不小。鉴于本人是外行，此处便依据易君提供的数据，兼考虑其精于付酬之理性，推测其新聘助理的月薪为 3000 元（按上述研究生学历、通过司考的标准），而法官工资会因地域、级别等因素而异，一位工作十多年的资深法官月薪估计在 5000—12 000 元之间。那么，一个易君新聘的大学刚毕业的律师助理工资真的可达资深法官的 2 倍以上？（在易君提供的薪酬数据下，即便加上年终奖，新聘律助收入也不大可能有大幅度的变化）综上诉诸矛盾律，便可见蹊跷。以上仅是一例，信中各种数字如此这般对比参照，则破绽更多。细节或许无关宏旨，我也无意苛求其精确，真正有趣的是，就此管中窥豹，可反映出易君某种欲说还休的特殊心态。当然，这是否就代表律师对待法官转职为同行的心态，则需要有更多的例证支持。

在一个成熟的法律共同体中，内部的职业流动，本是一种正常的现象。法官转职，在本次司法改革之前也屡见不鲜，对此，我们应尊重其选择。其进入法律服务市场后，自然优胜劣汰，我等无需操心，也操心不了。在各省的司法改革具体实施方案出来之前，目前不宜过早地对这次司法改革下法官转职的趋势潮流简单下定论，如果一定要说，或许可以套用狄更斯的"俗"话，"这是最好的时代，这是最坏的时代"。对于主持司法改革者，应该在具体实施方案上多加调研、慎之又慎、积极沟通，以达改革之初衷，"把根留住"而不是适得其反。至于易君之信的价值，所提若干建议或许是一方面，就我而言，更值得思考的已非文本自身，而是引申出来的问题：为何在当代中国，法官与律师之间有着巨大的鸿沟，本次司法改革将会弥合还是加剧这一鸿沟？

下为易胜华《致 T 兄——写给一位即将辞职的法官的信》原文：[①]

致 T 兄——写给一位即将辞职的法官的信
北京市盈科律师事务所　易胜华

T 兄：

许久未联系，突然接到你的来电，既出乎意料，又在情理之中。你在电话里告诉我，已下定决心辞去法官工作，出来做律师，问我能否接纳。我一时不知如何回答，只能说，让你慎重考虑，我一定尽力相助。怕你误会我是搪塞之词，所以决定写一封长信与你交流，希望能够完整地表达我的意思。

T 兄，虽然我离开老家多年，仍然记得你当年对我的帮助。我俩年龄相近，我入行做律师时，你已是资深法官，而且取得了律师资格。你没有像别的法官那样傲慢

---

① 文章来自易胜华新浪博客。

地对待我这个律师新手，也没有以各种名目向我提出非分要求。在法庭之上，给我足够的发言机会，尽可能采纳我的观点；在法庭之外，我俩平等探讨一些法律问题。你曾经说过，把我当成朋友相处。而在我心中，对你一直敬重有加。我在北京发展的这些年里，你一直在关注我，给我鼓励。我们的友谊和感情，不因时间、地点而变化。

这一次的司法改革，让很多法官、检察官感到失望，他们纷纷出走。没想到，你也会成为其中一员。我知道，你是个有法律理想的人。你说过，在法官这个岗位上，更能实现你的目标。你也说起过你的痛苦，领导的指示、舆论的压力，让你不能按照自己的意愿行事。这么多年都熬过来了，终于你还是扛不住了。我非常理解你。年过四旬，升迁无望，收入不高，理想落空，不如抓着青春的尾巴，过自由自在的生活。我这些年的发展，让你看到了律师职业的前途。连我新聘的大学刚毕业的助理，工资是你现在的两倍以上，对你来说这是个极大的刺激。

T兄，如果你已经拿定了主意，我一定尽自己最大的努力来帮助你。不过，你还是先听我说几句。而且，你不以坐在审判席的心态听，我也不以律师对法官的口吻说。下面有些话，可能会刺耳，但一定是我的肺腑之言。T兄想必不会介意。

在你打算辞去法官职务从事律师工作之前，我认为你必须想清楚三个问题：

1. 你会失去什么？

2. 你想得到、能得到什么？

3. 从你现有的，到你想得到的，你应该做些什么？

在电话里，我也问了你第一个问题。你笑着说：辞职出来，失去的只是锁链，得到的是整个世界。没错，你解放了，获得了自由。但是，这是诗意的表述，也是问题的一个方面。我相信，在你的心中，肯定知道自己会失去哪些东西，比如稳定的工资和奖金福利、社保、级别待遇等。

那些都是表面的。你是否知道，你还失去了职业的尊荣和安全感。

在中国，法官的地位远远没有到至高无上的地步。但是，除了那些到法院打过官司、见过某些法官真实面貌的人，在大多数受港剧、美剧毒害的群众眼里，法官这个职业还是受到尊敬的。你虽然有万般委屈与厌烦，但是在你的心中，必然已经习惯了这个职业带给你的尊严和荣誉。坐在审判席上，你就是帝王，所有人都要听你指挥。在法庭之外，当事人和律师对你点头哈腰、毕恭毕敬。你习以为常，这些是你工作和生活的一部分，已经长在了你的身体上，成为你肉体的一部分。现在，这些东西就要离你而去，就像从你的身上挖去了一块肉，而且是很重要的一块肉。

十几年的公务员生活，给你也带来了足够的安全感。无论自然灾害还是金融风暴，你的工资虽然不多，但是每个月都会准时足额发放，不会让你断顿，孩子的学费、老人的药费、房贷等等，不会没有着落。当你年老生病、做不动的时候，也不愁没有饭吃。摊上个什么事情也不怕，你是有单位有组织的人，他们会出面，为你解决，为你做主。

但是，如果辞去了公职，你也将失去这份安全感。我刚入行做律师的时候，父母最担心的就是我收入不稳定。即使是做到今天这个份上，已经衣食无忧了，我自己也有一分隐忧：如果有一天摊上个重大变故，谁来养我，谁来管我的一家老小呢？正是基于这种不安，我只有不断挣钱，给自己多一些安全感。

你还失去了一种安定、安稳的生活。做法官这些年，你想必已经习惯了朝九晚五、准点吃饭、周末和家人在一起团聚的有规律的生活。律师职业，尤其是入行之初，哪怕是业务做大了，这样的生活必然不复存在了。没业务做的时候，为了找业务而忧心如焚，业务忙的时候，随时可能被一个电话喊去加班、出差。

你也许会说：我不要挣那么多钱，有个差不多了就行，生活和家庭还是第一位的。但是，生活的压力让你身不由己。拿我来说，已经有了点积蓄，几年之内没有收入也不会饿死。但是，律师这个职业犹如逆水行舟，不进则退。你若停下来，只会被淘汰。所以，除非彻底退出，否则不可能随心所欲安排自己的时间和生活。

你还会失去什么呢？你可能认为经过这些年，自己已经积累了不少的人脉资源，这些对于你从事律师职业，会有很大的帮助。

确实是这样。和刚进入律师行业的年轻人相比，你有着他们无法比拟的优势，除了工作经验、社会阅历，还有你多年积累下来的人脉，我只是你的朋友之一，想必还有很多很多，他们分布在各个法院、检察院、公安，还有其他的行政机关。还有一些民间的资源，例如企业老板等等。

不过我要给你泼冷水的是，有个成语叫做"人走茶凉"。你想必还记得《廉颇蔺相如列传》中的那句话吧："夫赵强而燕弱，而君幸于赵王，故燕王欲结于君。今君乃亡赵走燕，燕畏赵，其势必不敢留君，而束君归赵矣"。

也就是说，你自以为的那些丰厚的人脉资源，他们存在的基础大多是基于你的法官身份。你在那个岗位上，可以为他们做一些事情，所以他们愿意结交你，跟你称兄道弟，信誓旦旦。你离开这个岗位以后，他们中间讲点情义的，也许会请你吃饭、喝酒，举手之劳、顺水推舟之事，也许会帮帮你。真要他们付出一定代价、承担一定责任去为你做一些事情，我想是不太可能的。而且，随着时间的推移，感情会越来越淡，最后沦为点头之交而已。

而且，从事律师职业，这层熟人关系有时候还不如没有。有时候，你承办的业务，他们如果有不合适、不妥当的行为，你不认识他们，还可以严正交涉。你认识他们，反倒是不好说他们什么了。

所以说，你拥有的人脉资源，其实正是你马上要失去的东西，甚至是你未来从事律师职业的阻碍。当然，特别特别好的交情，那又另当别论。只是，如果你光是索取，无以回报，这样的交情又能持续多久呢？

离开法院，离开公职机关，你失去的东西必然有很多很多。以上只是一小部分，更多的，要等到你进入这个职业以后再慢慢去体验了。

第二个问题：你想得到、能得到什么？

在电话里，我问过你对待遇的要求。你很认真地说，只要比现在的工资多个两三倍就好了。听得出来，你认为这个要求一点都不高，可能在你的心中，有一个更高的期望。

我必须承认，以你的资历、水平，要求十倍于现在的工资都不过分。但是事实上，你辞职出来以后，能得到的工资待遇，恐怕会让你大大的失望。

律师和任何自由职业一样，收入也是金字塔构造。你看到的，大多是金字塔尖的律师，至少也是中层的律师，那些底层律师的情况，被你选择性忽略了。你可还记得我刚做律师时的窘迫？吃了上顿惦记下顿，公交车都舍不得坐。如果不是有点老底，我也许就打起了退堂鼓。你可能会说："那是因为你没有法律工作经验，作为资深法官，这些年的工作经验肯定比其他新入行的律师强。"

没错，你有丰富的工作经验。可是你别忘了，那是审判工作经验，不是律师工作经验。知易行难，隔行如隔山。一个经验丰富的足球裁判员，不一定是一个好的足球运动员。审判工作经验转化为律师经验，虽然比一无所有的法律新人要有基础，但是也绝非你想象的那么容易。例如：你在刑庭呆过多年，也到看守所提审过被告人，可是，法官提审与律师会见被告人，无论从问话的语气、角度、方式、技巧都截然不同。律师实务知识，你还需要从头学习。

同时，你应该知道，根据规定，离职法官从事律师职业，有两年绝对回避期。这两年之内，不能从事任何诉讼业务。而且，T兄你看似随和，其实一身傲骨，即使出来做律师，也决不屑于放下身段，去干勾兑的事情。

T兄，你想一想，在竞争激烈的社会，一个既不能办案、又不懂律师实务，而且还不肯去勾兑拉关系的律师新人，在入行之初，他应该获得怎样的报酬？

在北京，正常情况下，一名通过司法考试、硕士研究生毕业的律师助理，刚入职的月薪大概在3000元左右，而且竞争非常激烈。在其他二三线城市，律师助理的待遇想必还要低一些，有些实习律师甚至没有工资。更有甚者，在某些城市、某些律师，实习律师需要给律所缴纳几千元的实习费用。从按劳取酬的角度来说，刚辞职出来做律师的法官，仍然是律师新人的性质，排除特别因素，他们能得到的报酬，正常情况下应该与其他新人是一样的。

离开公职单位，对于收入有一定的期望值，这是再正常不过的要求。而律师的高收入，基本上是来自业务收入。律师行业中的固定薪资，一般是行政人员和工薪律师。能拿到高薪的行政人员，基本上是大型律所的高管，年薪大概在20—50万元间。能拿到高薪的工薪律师，只能是承担了大量诉讼业务的律师，或者是在非诉团队中发挥着极为重要作用的成员，年薪大概在 10—100 万间。除此之外，每个律师都是靠天吃饭。案子多、收费高、胆大敢勾兑的，挣的钱自然多一些。交际能力差、不善于营销、业务能力弱的，也有可能是勉强度日。有些律师做了几十年，连一年几千元的工位费都交不起，每天生活在极度焦虑中。

T 兄，以我对你的了解，如果有合适的企业愿意接受你做法务工作，从现在的行情来看，你的价值不低于年薪 30 万，但是你要趁早下手。因为大批法检辞职的洪流出现时，市场价格可能会随之降低，一些效益好的公司的法务岗位，可能已经被人占着了。

但是你对我说，你还是想做真正的律师，像我一样，天南地北，四处奔波，看美景、吃美食，法庭内外，风光无限。

那么，你就真的要做好思想准备了。如果基于我们之间的感情，我可以答应你提出的任何工资条件，你现在月薪的两倍、三倍、五倍，我都能承受。但是，如果是一个素不相识的辞职法官要求到我团队工作，我不一定能接纳他，我需要考察他的业务能力和发展前景。如果能接纳，我给他的最初待遇，也只能是与他现在的工资收入持平。这是一个相对合理的市场价格。

当然，我谈的只是我个人的做法，也许其他律师比我更大方，愿意出更高的工资给一个素不相识的法官。如果从付出与收益的角度来看，也许大多数律师并不乐意聘请法官做助理，因为不如刚毕业的学生听话、好使唤。而且，刚开始不知道这个前法官、现新手到底能做什么、能给自己创造怎样的效益，无法定价，定价过高的话，今后无法调低。以原有的工资标准作为最开始的定价，我觉得是比较稳妥的。

当然，某些辞职的法官肯定会成为抢手的香饽饽，被某些律所、律师高薪招聘。一些律师、律所专做某个法院、某个法庭的业务，以前一直不得其门而入，招聘了这些辞职法官之后，就有了敲门砖，可以知道法院里面的一些门道，或者用来装点律所、团队的门面。这个，已经与辞职法官本人的法律水平无关，也不属于正常的律师业务范围。我们不讨论特殊现象、个别现象。

勾兑是有风险的，也是你不屑于为之的。如果目标只是为了挣钱，其实也可以不辞职出来。做一个接受勾兑的法官，远远比做一个主动勾兑的律师要轻松很多。越堕落越快乐，是某些人的生活方式。我相信，大多数辞职出来做律师的法官，是想追求一种物质上富足、精神上自由、能够睡得着觉的生活。所以，我愿意相信，绝大多数辞职出来的法官，并不想成为勾兑的律师。

由于收入问题是所有辞职出来做律师的法官最关心的话题，所以我说的有点多了。归纳一下，第二个问题的答案就是：

也许你自视甚高，也许你想得到的很多。但是，排除人情因素，排除利用此前法官身份影响力的因素，刚进入律师职业的时候，除非去做企业法务，或者担任律所的高级行政管理人员，否则，必须做好最坏的打算。在律师事务所还没有发现你的业务水平时，最初几个月的待遇，基本上只能与你现在的收入持平。甚至会更少，或者是0。

T兄，上面的分析可能会让你心灰意冷，或者对我的观点产生本能的排斥。那么，你还是先看看我们对第三个问题的分析：你现在需要做什么？

如果你真的想好了，不怕失去的那么多，不怕得到的暂时那么少，铁了心要辞职出来，那么，请听我以下的建议：

1. 转变心态。

你必须要时刻提醒自己：我不是法官了，我是律师新人。用最短的时间，调整自己的心态。这个过程确实艰难，但是，如果你做不到，或者角色转换太慢，你会更加痛苦。

心态对，一切都对。你已经不是法官，所以，放下你的高傲。你现在是律师界的新人，所以，回到学生时代的谦卑。那些你看不上的、水平烂的、年龄比你小的律师，现在都是你的前辈。他们的收入比你高，做律师的经验比你丰富，有很多值得你学习的地方。

在面对委托人的时候，你要及时转换成律师的角色。他们不再是有求于你的当事人，而是你的衣食父母。你不能流露出丝毫的优越感、不耐烦，或者是高高在上。从现在开始，你要用以前对待上级领导的态度，去面对这些当事人。

面对你以前的同行，你更需要提醒自己，你是一个律师了。即使他们曾经是你的领导、同事、哥们、下属，即使还有一些私人感情存在，但是在他们眼里，你已经是一个律师，所以你也必须明确自己的律师角色。如果你还以法官的身份去评价他们的工作、指导他们，甚至直言不讳地批评他们，也许一时半会还行，时间长了，必然会成为不受欢迎的人。换位思考一下，是不是这样呢？

2. 加强学习。

你也许认为，做法官这些年，工作经验和法律知识已经多到无用武之地，律师业务那是驾轻就熟，张嘴就来。

无论你如何评价自己的业务水平，无论你怎样低估律师业务的技术含量，我都要告诉你：你错了。不客气地说，如果有这种认识，你就是井底之蛙，自大的夜郎。

你如果认为律师业务简单，那是因为你接触的业务简单，或者接触的面太狭窄。你在刑庭的时候，审理的可能只是抢劫、强奸、伤害、盗窃类的案子，你认为这就是刑辩律师的全部？你在民庭的时候，你审理的可能只是婚姻、劳动、交通、债务纠纷的案子，你认为这就是民商律师的全部？你可能替人审核过几份合同，提供过几次法律咨询，你认为这就是非诉讼律师业务的全部？

律师业务发展到今天，已经变得非常精细和专业，尤其是在一线大城市的大型律师事务所，律师业务早就不是按照"刑、民、非诉"这样的粗线条划分。就以我所在的盈科刑事部而言，刑事业务已经细分到"金融犯罪"、"职务犯罪"、"黑社会犯罪"、"知识产权犯罪"等领域，更别说民商领域的律师业务细分，已经与一流医院的专业分类不相上下。不同的业务领域，有不同的法律法规，还有不同的办案技巧。

我来北京之后只做刑事业务，现在对民商业务几乎生疏了。即使将全部精力用于刑事业务，我仍然认为自己在刑事领域还有很多需要认真学习的地方，感觉到巨大的压力。你曾经对我的评价是：在律师当中，我算是勤奋好学、善于思考的。如果有十几年工作经验的律师还在不断学习，并且感到巨大的学习压力，那么，一个刚出来做律师的法官，凭什么可以口出狂言，认为律师业务对自己是小菜一碟呢？

所以，必须要学习。根据自己确定的专业领域，一方面学习和巩固理论知识，一方面抓紧时间学习律师实务经验。两年的回避期，一年多的实习期，这三四年的时间，完全可以相当于上了一次大学。用这三年时间华丽转身，加上自己以往的工作经验和社会阅历，完全可以成为某个领域的实力派大律师。做实力派，比做勾兑派更有成就感。那么，学习是第一位的。

3. 放下架子。

虽然中国的法官和西方的法官不是一回事，但是中国法官仍然不可避免沾染了西方法官的某些特点，例如：清高、孤傲。

我做律师这些年，也见过一些清高孤傲的律师。他们的共性是饭都吃不饱，只好拿清高做挡箭牌。律师职业是服务行业，没有清高孤傲的理由。饭馆里面清高的服务员，恐怕一天都做不下去。律师行业同样如此。

所以，从法官到律师，必须要放下架子，以服务者的姿态，重新规划你的工作。要经常抛头露面，要勇于在公开场合发表自己的观点，要敢于营销自己，宣传自己。你现在不是国家公职人员身份，不是法官，你现在是一件商品，要把自己的知识和经验卖出去。

如果你认为自己奇货可居，待价而沽，想等着别人找上门来，求你代理某个案子，也不是不行。不过，你还是先看看自己银行卡的余额吧。

…………

T兄，夜已经很深了。这段时间来，想必你很难入眠。我也一样，为你不平，为我们这一代法律人，感到愤懑。

十多年来，我们在不同的法律人角色中，体验着中国司法的点滴进步与倒退。我作为律师，虽然受的委屈比你多，但是在物质方面，我的收获比你大，也算有所安慰。

而你们，坐在审判席上，穿着法袍、敲着法槌，一脸的严肃，看似风光无限、权力很大，实则就是司法劳工。想做点正事吧，有心杀贼，无力回天。想干点坏事吧，有贼心，没贼胆。窝窝囊囊、稀里糊涂地过了十几年，这次司改，用你的话来说，"彻底绝望"，我却认为，倒不必如此悲观。山穷水尽，柳暗花明。

这些年来，尽管司法有倒退，但是客观地评价，进步是主流。这次司改，触动了太多人的利益，必将导致法律职业重新洗牌。法检骨干大量流向律师职业，司法质量和司法效率将有所下降。律师队伍受到巨大冲击，竞争力弱的新人将更加艰难，或者被市场淘汰。法检新鲜血液的大量涌入，将挤压"勾兑派"律师的空间，有可能在律师中形成一股与"死磕派"抗衡的力量。总体来说，律师队伍的实力将大大增强，地位也许会随之提升，检、法、律师这三家的联系更为紧密。这次司改引起的一系列变化，不一定全是坏事。

T兄想出来，而我却一直在想着重新进去。和我有同样想法的律师，也许不在少数。不过，看来只能期待下一轮的司改了。

尽管T兄在电话里表明想辞职的态度，我还是听出了你的不舍与依恋。这也正是我建议你再考虑一下的原因。如果不以收入增减作为唯一标准，我想，还是有值得期待的理由。

如果T兄真的去意已决，而且也做好了吃苦、遭罪、再世为人的思想准备，我愿意尽我最大的努力来帮助你。如果你不想进公司做法务，也希望收入能够比现在高出多倍，我建议你尝试着先在大型律所担任行政管理工作。我所在的盈科律师事务所，在全国各地都设有二十多家分所，更多的分所正在筹建之中。盈科现在最缺的不是律师，而是律所管理人员。担任分所执行主任，年收入大概有几十万元，符合你的期待。分所主任一般与律所签订三年合同，期满后可以做个人业务。这样一来，正好度过了两年回避期和一年多的实习期，担任行政管理人员期间积累的人脉，又为自己的律师业务打下了很好的基础。盈科的很多分所主任，就是这样的发展模式。

不过，刚进入律所，你也无法做到立即成为分所主任，还是需要从普通行政做起。我相信，以你的工作经验和能力，一定会很快得到晋升。如果你有这样的意向，我可以向盈科的高层推荐你。

T 兄，无论你做出怎样的选择，我都理解并且支持你。而且，在我认识的由法官转行做律师的人里面，我尚未看到一例失败的。他们绝大多数都在很短的时间里面适应了新的职业，之前的工作经验与社会阅历为他们律师的业务提供了极大的动力，后劲十足。我相信你，无论在哪个职业中，都是最优秀的。

祝：安好！

弟：易胜华

2014 年 7 月 20 日凌晨 0:30 于北京

（原载《清华大学清新时报》"新宇说"专栏，2014 年 7 月 31 日）

一种相思、三处闲愁

——从历史法学派到近代中国的法律保守主义思潮

一

1814 年，海德堡大学的法学教授、音乐家蒂堡发表《论统一民法对于德意志的必要性》，引发萨维尼《论立法与法学的当代使命》之针锋相对的回应，德国民法典的论争由此展开。一年后，萨维尼与法学、历史学、语言学等学者创立《历史法学杂志》，以"历史学派"与"非历史学派"之名区分敌我，①论战持续深入化。因萨维尼等人的反对，《德国民法典》于 1896 年始得通过。时光流逝之中，历史积淀之下，亦见证了德国法学的成熟，宣告、目睹了一个影响深远的法学流派之诞生与发展。

历史法学派的重要意义，管见以为，可以概括为"学术与政治"两端。对于学术意义上，即如何研究法学的问题，萨维尼将法学看做为历史的学科，此处的历史，并非"简单的历史

---

① [德] 萨维尼：《历史法学杂志的目标》，收入《论统一民法对于德意志的必要性——蒂堡与萨维尼论战文选》，朱虎译，中国法制出版社 2009 年版，第 104 页。

经验主义",而是在历史中,"寻求法律有机的原理原则",①也即如学者所谓:"萨维尼之所以关心罗马法,并不是因为它的实用性,毋宁是它古典式的清晰庄严与优美。他研究罗马法的各阶段,视其为欧洲文化基本秩序的反映。他赞赏古典时期罗马法学家的卓越典范,不仅认为他们的作品有重大的历史贡献,甚至认定它们表达了超越历史局限的法律真理。"②

对于政治意义上,乃是德意志的民族国家如何建设的问题,此处,萨维尼巧妙地选择了一个具有丰富意涵的概念"民族精神",使得当时民族主义者、浪漫主义者、民主派人士、大公们及其臣属皆可以从中找到其所需要的东西,③赢得了其认同感与归属感,进而"从民族精神到国家精神",通过历史与文化的感召,促成费希特所谓"一个国家、一个民族、一部宪法、一个家、一种爱"的政治目标之达成。④

近两个世纪之后,以历史法学派之视角,看中国法学与政治的问题。从学术视角上看,古典的中国法学——律学,因为清季以降,近代大规模法律移植而戛然中止,其后大陆法学、英美法学、苏联法学甚至"无法无天"接踵而至,粉墨登场,

① [德]约阿希姆·吕克特:《未被认识到并且未获承认的精神遗产——萨维尼对于1900以后德国法学的影响》,盛桥仁译,收入许章润主编:《清华法学》第三辑,2003年,第29页。

② 谢鸿飞:《萨维尼的历史主义与反历史主义——从历史法学派形成机理角度的考察》,收入许章润主编:《清华法学》第三辑,2003年,第96页。

③ [德]赫尔曼·康特罗维茨:《萨维尼与历史法学派》,马史麟译,收入许章润主编:《清华法学》第三辑,2003年,第9—10页。

④ 参见谢鸿飞:《萨维尼的历史主义与反历史主义——从历史法学派形成机理角度的考察》,第87—89页。

即便拨乱反正，仍不得不借用蔡枢衡的话讲，就是"中国法与中国法的历史脱了节，和中国社会的现实也不适应"，[①] 此乃一种"次殖民地的风景"；[②] 从政治视角上看，唐德刚提出的"历史三峡"仍未渡完，中华国族的民族国家的建设仍是急迫、紧要的任务。无疑，如何研究法学，如何建设国家，如何摆脱"无根的浮萍"之状态，历史法学派的问题意识与时代意识，仍有充分的价值，需要认真地回应。

有念于此，故有"法学历史主义"之提倡，其对历史法学派予以"照着说"，且"接着说"。在态度与立场上，其对历史秉承"温情与敬意"，意即"不会对其本国以往历史抱一种偏激的虚无主义，亦至少不会感到现在我们是站在以往历史最高之顶点，而将我们当身种种罪恶与弱点，一切诿卸于古人"。[③] 应该指出，该主义指向的"不是学科建制意义上的法律史或者法律思想史研究"，[④] 毋宁是一种史学、法学与哲学多学科的沟通与整合，"以历史哲学省视法律现象，自法律哲学检阅历史过程"，[⑤] 在方法上，其兼取描述、解释与建构的进路，[⑥] 即以"古文经学"之执著认真态度研究历史，澄清历史，发现历史，在此基础上以"今文经学"的洞察力诠释历史，激活历史。目的在于从中

---

① 蔡枢衡：《中国法理自觉的发展》，清华大学出版社 2005 年版，第 29 页。
② 蔡枢衡：《中国法理自觉的发展》，清华大学出版社 2005 年版，第 98 页。
③ 钱穆：《国史大纲》（修订本），上册，商务印书馆 1996 年版，第 1 页。
④ 许章润：《历史法学发刊词》，收入许章润主编：《历史法学》第一卷。
⑤ 许章润：《法学历史主义论纲》，"法律史学科发展国际学术研讨会"会议论文，2005。
⑥ 许章润：《法学历史主义论纲》，"法律史学科发展国际学术研讨会"会议论文，2005。

把握法的历史理性、逻辑理性与价值理性，^①总结与反思人生与人心问题，追问其当下托付，为自觉意义上的中国法学知识与理论之建构、思想体系之形成，中华国族的民族国家之建设凝聚智慧。

二

如果以历史法学文化保守主义的立场审视近代中国的法律思潮，至少可发现有三波保守主义的潮流。

第一波，发生在清季变法修订《大清新刑律》时期，具体表现为以张之洞、劳乃宣、刘廷琛等人为代表的"礼教派"与沈家本、董康、汪荣宝、杨度等人为代表的"法理派"之礼法论争，其焦点在于法的宗旨问题。在清朝国祚尚存的情况下，法律的意识形态未变，礼教的法律观仍是当时的"意蒂牢结"，张之洞等人以"礼教"派标榜自居而将沈家本等人视为"法理"派，这种非此即彼的分类法不妨可以看作是论战的一种策略。在这种情况下，杨度在资政院第 23 次会议上，以政府特派员身份发言，说明新刑律之主旨，随后以《论国家主义与家族主义之区别》之名，在 1910 年 12 月 5 日的《帝国日报》上予以概括凝练。面对"礼教派"之压力，杨度不得不对礼教法律观的意涵予以重新解释，认为东西各国皆有礼教，认为礼教具有可变性，中国立法应该由家族主义转向国家主义。其采用的方法，乃试图在当时进化论的普世价值下，以新旧问题来取代礼教与

---

① 许章润：《历史法学发刊词》，收入许章润主编：《历史法学》第一卷。

法理问题，从而为新刑律赢得舆论支持。

第二波，发生在民初立宪时期，围绕着"天坛宪草"的制定（1913）和续议（1916—1917），引发的孔教入宪问题。具体内容包括孔教是否为宗教，定孔教为国教是否与信教自由抵触，定孔教为国教是否与共和国体不合，定孔教为国教是否会使蒙、藏分裂。最后的结果是在 1913 年将"国民教育，以孔子之道为修身大本"和在 1916—1917 年将"中华民国人民有尊崇孔子及信仰宗教之自由，非依法律不受限制"写入宪法草案（后写入 1923 年曹锟中华民国宪法第十二条）。① 与第一波相比，此时的礼教已经不再是立法之宗旨，其自身的性质与合法性问题已经受到普遍质疑。

第三波，发生在民国 30—40 年代，当时京沪各大学的十位教授，发表了一篇建设中国本位文化的宣言，从而由文化到法律，引发建立中国本位新法系论潮和法律民族化运动。② 诚如刘陆民所谓："中国本位法系者，当系依现代国家理念，用科学的方法，对中国固有及现有法律，施新的选择，产生新的生命，俾在世界法律文化领域，重占一新的位置之意。简言之，在新理念、新技术之下，发扬旧的民族精神，形成新的法律体系而已。"又谓，"概言之，法为民族精神与国家权威之融合体"，历史法学派之影响，可见一斑。其影响的结果是，从法律移植的形式上，由德日转向英美（如司法院大法官会议的出现），更重

---

① 详见马赛：《民初立宪活动中的孔教问题研究》，中国政法大学硕士学位论文，2010。

② 详见江照信：《中国法律"看不见中国"——居正司法时期（1932—1948）研究》，清华大学出版社 2010 年版，第三、四章。

要的是其实质上，三民主义被作为法理学的基础，国民党的党义成为当时司法与立法的新宗旨。

回溯这三波思潮，古典礼教的法律观在进化论的冲击下被不断侵蚀，并在近代民主政体下丧失其合法性。但从家族本位向个人本位的过渡中，因为特殊的时代因素，党化的国家实际取代了个人，家国一体转化为党国一体，独立的人格观念不免大打折扣。如何在民族性与现代性、历史感与时代感之间取得有效的融合，将是法学历史主义努力的方向。

"人必须先说很多话然后保持静默"，即此谬论数语，就此打住，期待抛砖而引玉。

（原载《历史法学（第六卷）：法学历史主义》，法律出版社 2013 年版）

范式转换：来华外国人与《大清新刑律》

　　1902 年，内外交困的清廷为了收回领事裁判权，任命沈家本与伍廷芳为修律大臣，开启晚清法律改革，其重要的成果《大清新刑律》作为中国第一部近代刑法，在编纂过程中曾引发法理与礼教两派长达数年、聚讼不已的激烈论争。在新旧双方的阵营之中，分别有日本学者冈田朝太郎（Okada Asataro，1868—1936）与德国学者赫善心（Harald Gutherz，1880—1912）的身影，来华外国人的加入，使得这场清末的传统法与近代法之争有别于先秦时期中国固有法自身内部儒家与法家的礼法之争，可谓从"中国之中国"跨越到"世界之中国"的范式转换，具有从全球史与比较法更加宏大的视野进行探讨的意义。

　　1906 年 9 月，日本明治时代的法学巨擘、东京帝国大学的教授冈田朝太郎受聘为"北京法律学堂教习兼钦命修订法律馆调查员"，来华参与法律改革，其中一项重要的立法任务就是起草《大清新刑律》，这也是春秋鼎盛、刑法见长的冈田最为重视、投入最多的一部法典。

　　这部由沈家本主持，冈田朝太郎主事，董康、章宗祥、汪荣宝参与编纂的《大清新刑律》采用近代刑法总则、分则两编的立法体例，确立了罪刑法定、刑罚人道主义的理念，其具体条款之中体现出礼法分离的强烈色彩，对传统律典"出礼入刑""明刑弼教"的礼法一体观念有重大修正，刚一面世，即引发中央与地方如潮的反对意见。围绕传统伦常礼教条款的存废与程度问题，反对新律者多持"礼教"说，支持新律者多持"法理"说，礼法之争由此展开。论争包括四个维度：（1）特定行为是否应该入罪（例如无夫和奸、子孙违犯教令是否有罪）；（2）特定行为的刑罚力度（例如内乱罪首犯是否一律处死）；（3）特定主体是否享有一般法律权利（例如子孙对家长能否有正当防卫权）；（4）特定主体犯罪是否需要设置专门罪名（例如在伤害罪之外是否另设亲属相殴罪）。

礼教派以大学士、军机大臣张之洞和资政院议员、宪政编查馆参议劳乃宣为代表，支持者有法部尚书廷杰，法部郎中吉同钧，礼学馆总纂大臣、宪政编查馆谘议官、资政院议员陈宝琛，京师大学堂总监督、宪政编查馆谘议官刘廷琛，宪政编查馆统计局局长沈林一等人。法理派以晚清修律大臣、资政院副议长、宪政编查馆谘议官沈家本为代表，支持者有修订法律馆提调、宪政编查馆馆员董康，修订法律馆总纂、资政院议员、法典股副股长、宪政编查馆馆员汪荣宝，宪政编查馆参议杨度，宪政编查馆编制局副局长章宗祥，资政院议员、宪政编查馆编制局局长吴廷燮，资政院议员陆宗舆，宪政编查馆馆员曹汝霖，大理院推事、京师法律学堂监督江庸、日本法学家冈田朝太郎等人。

从立法影响的角度比较双方，一言以蔽之，礼教派位高而法理派权重。前者资历深，更多是扮演清流角色，从舆论上对新刑律施加影响，其人员多为传统功名出身，熟悉传统律学，但对近代法学了解不足。后者以法治技术官僚为主，控制了修订法律馆、宪政编查馆编制局、资政院法典股等立法要害部门，其人员不仅有如沈家本、董康等旧律专家，也有如汪荣宝、章宗祥等留学日本，熟悉近代法学的年轻法政人，更遑论以冈田朝太郎为代表的外国法学权威。因此，在法学智识转型，法政咸与维新的时代背景下，尤其是在 1909 年核心人物张之洞去世后，礼教派在论辩中不免处于下风。

在这一特殊时刻，赫善心登场了。这位年轻的德国人是维也纳大学的法学博士，1909 年 9 月，他接受德国海军部的委托来到中国，担任青岛特别高等专门学堂法政科的讲师。赫善心在 1910 年出版的《德意志帝国新刑律草案（总则）》的序言引起了劳乃宣的注意，这篇序言主张修律应以本国国民性为基础，兼取他国之长，正中劳乃宣这位开明的保守主义者之下怀，引为同道中人。经过青岛特别高等专门学堂总稽查蒋楷的介绍，劳乃宣将正在编辑的关于新刑律修正案的书送给了赫善心，请他对礼教派关于"和奸无夫妇女"和"子孙违犯教令"的立法建议提出学术意见。

赫善心分别回应了劳乃宣关于大清新刑律和蒋楷关于中国法律改革的咨询，前者为《德儒赫氏中国新刑律论》，后者为《德国法科进士赫善心氏与蒋员外楷问答》。

赫善心的观点，可以总结为"一个核心，两处要点，一种批判"。

所谓一个核心，即中国修订法律，应该以《大清律例》为基础，他国法律为参考，其立法者，应以熟悉本国国民道德和固有法律的中国人为主导，外国人为协助。赫善心的论据主要有两方面：一方面是《大清律例》享有很高的国际声誉，1811年英国人小斯当东曾将其翻译为英文，认为其有很多值得他国仿效的规则。20世纪最新的西方立法，都可以在《大清律例》中找到各种类似条文。一方面是德国立法的历史经验，其在16世纪初曾采用罗马法，导致国民与法官冲突扞格，不得不在三百年后恢复为以日耳曼法为主，罗马法为辅进行修改。

所谓两处要点：即第一，根据刑法/罚的目的，立法应该符合本国国民的道德性质；第二，领事裁判权的问题需要结合法律部门进行深入的分析，收回法权的关键是审判文明。

关于第一要点，赫善心引用《尚书·大禹谟》的"刑期于无刑，民协于中"，认为其乃世界各国立法的典范。在这种立法政策指导下，法律不应以仿效他国、取悦外人为目的，在国民识字有限、法学为专门知识的情况下，立法应不悖国民的道德性质才能得到遵守。针对焦点问题"和奸无夫妇女"和"子孙违犯教令"，赫善心拟定了四条检验标准："一、欲以此端保护某项利益，确有此项利益之知识。二、此项利益可贵之处，为中国人承认。三、在中国保护此项利益，刑罚果能致用。四、律文一一明晰，妥当。"在该标准之下，中国作为农耕社会，重视家庭道德，应要求子孙服从直系尊长的教令，以保持家法，应保护妇女贞操，以保持未来家庭基础。有关服从的指令，都可以用法律予以保护。

关于第二要点，赫善心将领事裁判权问题结合国际公法、刑法和诉讼法三个法律部门进行探讨，他认为：首先，收回领事裁判权是国际公法之事。其次，就国内法而言，领事裁判权可分为两个层面，一是有关刑法的法源问题，即用何国的刑法进行审判，从该角度看，世界各国皆允许本国法院适用外国法，德国刑法就有允许适用外国法的规定，一是有关诉讼法的管辖问题，即何国的法院具有审判权。第三，修订法律只是为收回领事裁判权做准备，关键在于诉讼法即审判文明。

所谓一种批判，即批评大清新刑律乃日本律，中国修订法律不应丢弃自身文明的礼教而迁就外人。

赫善心身后的德国法正是日本近代法律改革效仿的对象，本人亦拥有法学博士的头衔，使得其在礼法论争中具有很强的话语权，给法理派很大的压力，促使冈田朝太郎亲自出面，专门撰写《冈田博士论刑律不宜增入和奸罪之罚则》《冈田博士论子孙违犯教令一条宜删去》加以反驳。

关于和奸无夫妇女是否应入罪，冈田从历史、法理与实践三个维度展开讨论。首先，他梳理欧洲各国奸非罪的历史沿革，发现在 18 世纪以后，和奸行为已经不为罪。

其次，从刑罚效果看，冈田认为对于危害社会的行为刑罚并非万能：有些行为属于教育范畴，有些行为刑罚不如疗治效果，有些行为暂时不执行宣告的刑罚，使犯人反省效果更佳，他认为这正是"刑期无刑"政策的体现。从罪刑均衡看，和奸行为只是违犯道德，并不危害社会，即便认为其危害社会，但与其性质、程度相当的游荡饮食之徒、荒淫之辈，刑法并无罪名。

再次，和奸入罪有四种不便。从立法上看，该罪处罚只能是轻微处分，没有足够威慑力，也无法处理合法的娼妓问题。从检举上看，该罪名往往只能针对贫贱之人而无法真正约束到富贵者，有悖四民平等原则。该罪使和奸者本人和家族丧失名誉，影响甚大，因此造成检举困难。从审判上看，和奸行为往往秘密进行，证据稀少，审判容易流于擅断。从外交上看，保留和奸罪，在收回领事裁判权之际，如果遇到外国人和奸案件一律加以处罚，会引起外交纠纷。

关于子孙违犯教令是否应入罪，冈田朝太郎从四个方面加以否定：教令范围过于宽泛而不明确，尊亲属之间教令冲突时无法判断子孙是否犯罪，法律与伦常无法区分易使法成具文，尊亲属已经有民法上的亲权、惩戒权而无需刑事制裁之权。

双方争执可以化约为两个问题：一个是礼教与法律的关系，一个是收回领事裁判权与修律策略。

关于礼法关系，赫善心主张礼法一体，冈田支持礼法分离，其背后乃法律文明固有论与进化论之争。赫善心基于德国历史法学"法是民族精神的产物"的立场，对中国这一东方文明古国的传统法制表现出"温情与敬意"和"同情的理解"，从而"他乡遇故知"，与中国保守开明的礼教派取得精神上的契合。他肯定中国固有法的价值，还其以历史公道，值得充分肯定。但其论据也颇可商榷，例如对德国立法经验的介绍上更多是站在历史法学派内部日耳曼学派而不是罗马学派的角度，有以偏概全之嫌，对"大清新刑律草案是日本律"的判断忽视了两律的差异，不免过于武断。

关于收回领事裁判权与修律策略，两人貌似势不两立，实则颇有共通之处。冈田在后来出版的京师法律学堂刑法讲义中，曾专门谈到收回领事裁判权的关键在于改良司法制度、改良监狱和养成裁判官制度这三方面的内政问题，"内政修明而外交政策自然发达"，因此可以说在内政与外交的关系上，双方并没有原则分歧，冈田只是就新刑律的某些具体条款，借助领事裁判权发挥而已。

有缘千里来相会，晚清修律的历史契机，使得冈田朝太郎与赫善心两位外国学者，在异国他乡展开了一场学术论辩。礼法论争的背后，有着固有法与外来法、日本法与德国法、东方与西方多层面错综复杂关系。《大清新刑律》乃处在一个世界法典编纂的新时代，冈田和赫善心一方面正好借他人之酒浇自己块垒，宣扬各自的刑法理念，另一方面也将中国经验介绍给自己的母国，以为本国立法借鉴，因此晚清修律是中国与世界的双向互动而不是单维度的移植继受，对其考察应具有全球史的自觉。礼法之争的学术意义，足可媲美《德国民法典》编纂过程中的历史法学派与自然法学派之争，《日本民法典》编纂过程中的断行派与延期派之争等世界法典编纂史上的著名论争，蕴含的理论富矿，可待从比较法的视域进行深度挖掘与阐发。

（原载《检察日报》2018 年 12 月 11 日第 3 版，
刊登时名为《〈大清新刑律〉编纂与借用"外脑"》）

经济学家视野下的中国法律史

    2012 年 8 月 17 日下午，耶鲁大学陈志武教授在天则经济研究所做题为《对清朝中国的量化评估：从命案发生率看社会变迁》讲座，观者如堵。笔者有幸忝列为评论人，先听为快，得窥经济学家视野下的中国法律史这一研究之新趋势。

    史学家陈寅恪说："一时代之学术，必有其新材料与新问题。取用此材料，以研求问题，则为此时代学术之新潮流。治学之士，得预于此潮流者，谓之预流（借用佛教初果之名）。"陈志武教授领导下迄今八年的研究团队，所用之材料，乃藏于中国第一历史档案馆的刑科题本。所谓题本，是"清朝高级官员向皇帝报告政务的文书之一。凡属国家庶政，如举劾官员、兵马钱粮、命盗刑名等例行公务，官员都可具题，经由内阁进呈皇帝阅览"，刑事重案的题本，在皇帝阅览给出裁决意见后，由刑科给事中转发相关部门处理，所以称为刑科题本。作为囊括案件由地方至中央不同审级案情报告与审判意见的一手珍贵资料，第一历史档案馆的刑科题本，被分为七类，即秋审朝审类、命案类、盗案类、贪污案类、监狱类、缉捕类和其他类，陈教授团队选取的是"命案类"中的"土地债务"和"婚姻奸情"两种类型案件，前者数量为 168 481 件、后者为 33 961 件，总数达 20 余万件。因为清代司法体制采用逐级覆审制，刑科题本每个案件的卷宗规模相当可观，据对此有过专门研究的郑秦教授介绍，其"非常之长，厚厚一本，往往洋洋数千字至于万字"，该项研究阅读量之巨，得见一斑。

从学术史上看，20 世纪 70、80 年代，已经有学者利用刑科题本中土地债务的部分案件，研究清代地租剥削形态和人民抗租等问题；20 世纪 90 年代，郑秦教授利用刑科题本 527 个服制命案的"贴黄"（即摘要），研究 18 世纪亲属法的基本概念；进入 21 世纪，2000 年，美国学者步德茂出版《过失杀人、市场与道德经济——18 世纪中国财产权的暴力纠纷》，利用土地债务中与产权相关的数百个命案，借助诺贝尔奖得主诺斯的理论，探讨 18 世纪中国社会冲突与经济变迁的关系；2002 年，台湾学者赖惠敏、陈惠馨、刘仲冬利用中研院近代史所图书馆向第一历史档案馆购得的 73 936 件婚姻奸情类档案，组织"性别、历史、医疗与法律学术沙龙"，整合不同专业背景学者，进行共同研读，已召开多次的会议；2008 年，杜家骥教授主持选辑出版了《清嘉庆朝刑科题本社会史料辑刊》，收入档案 1600 余件。可以说，随着档案的进一步开放，围绕刑科题本的研究，将日趋成为一种显学，其研究范式与目的，也从最初在革命史观指导下寻找阶级压迫之证据与样态，到通过实证资料来深入理解法律的关键概念，转向通过多元化的研究，诚如步德茂与陈志武，便以"法律—经济—社会"之视角与进路，寻求对中国客观全面的解读。

从目前的研究状况来看，就利用资料之多，跨越时间之长而言，陈志武教授的研究团队，可谓首屈一指；就问题的新颖性而言，其通过量化研究，发现所谓康乾盛世时期（1681—1796），也是命案率迅速上升的时期，而在传统认为走下坡路的 19 世纪，命案率却由升转降，认为有必要重新认识清代中国的发展状况，可谓挑战成见；就结论的解释力而言，其以人口密度、经济市场、土地分配、自耕农比例、收入分配、降雨量、官缺等级各种参数指标与命案率建立因果关联，试图发现其间之规律，具有相当的理论张力。因此，或许我们可以用陈寅恪先生的所谓"预流"来期许与期待其尚未刊行的最终研究成果。

当然，我们也需要保持相当的审慎。首先，作为一个黄仁宇所谓"缺乏数字化管理"的传统王朝，对刑科题本的整理、分类、统计更多需要依赖后来的档案管理者和研究者，在这一再加工过程中，抛开档案可能遗失等因素不讲，今人与古人的逻辑是否能够保持一致，进而如何才能得到合理的数据，是一个应该认真考虑的问题。比如，第一历史档案馆的分类中的"秋审朝审类"，作为以"斩监候"与"绞监候"量刑之案件，应该包括有大量的命案，那么其与第二种"命案类"的档案有多少重合之处，是否已经有过合理的甄别？其次，从清代常规的司法体制上看，死刑案件，除极个别类型的恶性案件，地方官员可以"恭请王命"先斩后奏外，都需要上报皇帝核准，乾纲独断，方能执行，但咸丰三年（1853）起因为镇压全国性的战乱之便，不得不颁旨将死刑核准权下放而有"就地正法"制度之产生。战后，食髓知味的地方督抚不愿放弃此权而与皇权博弈扯皮，乃至张爱玲的祖父、时为清流御史的张佩纶还留下"长大吏草菅人命之风，其患犹浅，启疆臣藐视朝廷之渐，其患实深"的批判名句，就地正法这一破坏中央与地方"宪法秩序"

的制度之长时间存在，也会给命案率的统计带来相当大影响。一言以蔽之，洞悉时代因素，合理选择样本，谨慎得出结论，是一个问题。

霍姆斯在《法律的道路》一文中曾预言："关于法律的合理研究，当前的主宰或许还是'白纸黑字'的研究者，但未来属于统计学和经济学的研究者。"对霍姆斯的这番名言，笔者认同其在法学研究中引入社会科学的方法，但不赞同其"主宰"之判断。就中国法律史的而言，古典训诂考据、律学解释技艺、社科理论工具，皆是达到对历史客观认识与合理解释的有效途径，彼此间应为取长补短，而非厚此薄彼。视野放宽，就中国法学而言，其未来趋势，可能是合理融合解释法学、社科法学与政治哲学三种进路的"法律的道路"。

（原载《检察日报》2012 年 9 月 13 日第 3 版）

告与不告，是一个问题！

古籍《棠阴比事》记载了一个名为"汉武明经"的案例：

> 汉景帝时，廷尉上：囚防年继母陈杀防年父，防年因杀陈，依律以杀母大逆论。帝疑之。武帝时年十二，为太子，在帝侧，遂问之。对曰："夫继母如母，明不及母，缘父之故，比之于母。今继母无状，手杀其父，下手之日，母恩绝矣。宜与杀人同，不宜以大逆论。"

在以孝治天下的汉代，杀母是逆伦重罪，但为父复仇，同样符合孝义，这就造成了法律评价上的困难。面对包括汉景帝在内无解之局面，年幼的太子即后来的汉武帝通过一番辨析名分的经典说理，以普通杀人罪而不是杀母大逆罪定案，赢得了一千多年以后民国时期著名法学家吴经熊"富有法律头脑（legal mind）"之赞。

对于该案，仍可追问的是：为何防年要自力复仇而不是诉诸官府？除却"杀父之仇，不共戴天"伦理之急的因素，法律上的问题更值得深入讨论，这涉及贯穿古今中西在亲属犯罪情况下的应对困境：告与不告，是一个问题！

案例中防年的做法，很可能是因为当时的法律机械地禁止卑幼告发尊长，张家山汉墓竹简的《二年律令·告律》即有规定："子告父母，妇告威公，奴婢告主、主父母妻子，勿听而弃告者市。"据此，防年如果告母，会马上被处以极刑，奢谈为父复仇了。如果说出土文物可能因为残损等问题，有不周全之处，对此仍需谨慎的话，借用王国维先生提倡的"二重证据法"，不妨看看史籍中的记载。《魏书·窦瑗传》便记录了《麟趾新制》的规定——"母杀其父，子不得告，告者死"——从而引发了良吏窦瑗对其合理性的质疑，并在经历与尚书的一番精彩激烈的辩论之后，得以废除该条。两者互证，笔者的上述判断应该是成立的。

追溯历史，即便在法家主政的秦时期，虽然"民为什伍，而相牧司连坐，不告奸者腰斩，告奸者与斩敌首同赏，匿奸者与降敌同罚"，以连坐、酷刑和重赏为手段要求、鼓励告奸，主张"民人不能相为隐"，但其具体法治在程序上仍有如"公室告"与"非公室告"的区别，前者针对"贼杀伤、盗它人"之犯罪类型，后者针对"父母擅杀、刑、髡子及奴妾"等犯罪类型，对于前者，包括亲属在内有告发的义务，对于后者，如果卑幼、奴隶告发，则"勿听"。张家山汉简《告律》上述诉讼禁止的规定，应该是汉承秦制的体现。

王朝更替中，有继承，亦有发展。如果说秦政对家族外的犯罪，要求亲属必须告发才能免于连坐的话，汉代随着法律儒家化的发展，立法方面在责任后果上逐渐"恶恶止其身"，限缩连坐的适用，司法方面通过"父为子隐，子为父隐"的经义决狱手段，使亲属不因为藏匿行为而被追究责任。进而，在汉宣帝时期有了法律史上的著名诏令："父子之亲，夫妇之道，天性也。虽有祸患，犹蒙死而存之。诚爱结于心，仁厚之至也，岂能违之哉。自今子首匿父母，妻匿夫，孙匿大父母，皆勿坐。其父母匿子，夫匿妻，大父母匿孙，罪殊死，皆上请廷尉以闻。"

从非公室告演变出来的严厉地限制卑幼告发尊长，从汉宣帝诏令授予的卑幼谋首藏匿尊长之权，导致了《麟趾新制》那则特殊的规定。很可能是窦瑗"宜附'父谋反大逆子得告'之条"的主张得到官方认可，兼以防年杀继母案的影响，后来的传世律典便有允许卑幼告发尊长的例外规定，即在原有谋反、大逆及谋叛等缘坐重罪必须告发的基础上，"嫡、继、慈母杀其父，及所养者杀其本生，并听告"，法律更加地精致化，对同为尊属的父母作出了位阶安排，母杀父，子遂得告矣！

法治是一种价值平衡的艺术，从法家秦政到儒法合流，在伦常秩序和国家秩序的权衡上，国家一度深入家族的内部，仅留给其小小的空间，又转身离去，除谋反等重罪，不再区分家族内外犯罪之别，赋予尊长更多的权威与保护，最后"欲说还休"，悄然而返，对具体细节再做协调整合。从唐律起，古代律典中已经可以看到"同居／亲属相为（容）隐—亲属相告—自首"的精致体系性建构，对伦常与家族的维护可谓无微不至。

这"三位一体"中，"相隐"最为今人所熟悉。依据最新的研究成果，思想史上《论语·子路》"父子相隐"中"隐"指的是"不告"，制度史上律典的"同居／亲属相为（容）隐"条中具体的"隐"指的是"藏匿"，作为条文整体的"相为隐"则涵摄了窝藏包庇、帮助犯罪分子逃脱处罚、不告发等行为，其依据亲等关系及恩、义等情理因素，对隐者或去罪化，或减轻处罚。

亲属相告包括卑幼（包括妻、奴婢）告发尊长和尊长告发卑幼两类。元代对前者冠以"干名犯义"之名，明清律典继受了该名，但以其命名的条文实际涵摄了唐律的"告祖父母父母""告期亲尊长""告缌麻卑幼"和"奴婢告主"四则条文，也就是包括了亲属相告的两种类型。此类规范在列明允许告诉的范围之余，其法意着重强调禁止 / 不鼓励亲属告发，尤其是卑幼告发尊长，"告祖父母、父母"，唐律为绞，明清律为杖一百、徒三年。但现代人所容易忽视的是，如果告诉得实，被告发者的命运如何？依据古代律典规定，无论以卑告尊还是以尊告卑，被告发者皆可以等同于自首免罪或者减刑。当然，这种特殊的法律效果并非古典立法的初衷，而是事发后对被告发者的弥补，但也可以说，"告亲"在客观上可以起到某种"救亲"之效果。

从这一角度出发，2010 年河北省高级人民法院出台《〈人民法院量刑指导意见 (试行)〉实施细则》，其中规定："被告人亲属举报被告人犯罪，提供被告人隐匿地点或带领司法人员抓获被告人，以及有其他协助司法机关侦破、抓获被告人情形的，可以酌情减少被告人基准刑的 20% 以下"，媒体评价是"'大义灭亲'减轻处罚疑似利诱"，认为其损害"亲亲相隐"传统道义规范。管见以为，该评价显然是忽视了古典时代与相隐息息相关的亲属相告和自首，只知其一，不知其二，与其说"河北特色"，还不如说颇有古典中国法律特色！

以古典时代存在"亲属相隐"并与现代西方法治契合，来批判当代中国法治中有悖人性之处，无可厚非，尤其是对有滥用之嫌的追究亲属窝藏、包庇罪现象，更是如此。但何种古典？

何种西方？仍有待从长而计之。2009 年的歌手满文军妻子李俐容留他人吸毒案，参与吸毒的满文军作证被人诟病，理由中同样有亲属相隐，但实际上只要对比同年的日本艺人酒井法子涉毒案，提供毒品给酒井的其夫高相佑一同样需要作证即可明了，日本的刑事诉讼法虽然规定亲人可以免作证，但其还有同案犯无此权利的例外规定。

从古典到现代，从"皇家—家族—个人"演变为"国家—社会—公民"，从伦理责任到法益考量，不变的是亲情的维系和公私的平衡，对亲属犯罪的告与不告，我们需要温情，但不应该滥情。

（原载《检察日报》2011 年 10 月 27 日第 3 版）

古典中国法"杀一家三人"罪的法意与实践

在古典中国法中，有一种特殊的杀人罪叫"杀一家三人"，其指杀害一家无辜三人之行为。

古典立法的特质是行为模式上的客观具体主义和法律后果上的固定法定刑，杀人罪除了所谓"六杀"即故杀、谋杀、误杀、过失杀、斗（殴）杀、戏杀六种最基本的形式以外，还有对犯罪方式的特别强调，例如"造畜蛊毒杀人""车马杀伤人"；对犯罪对象的专门规定，例如"谋杀制使及本管长官""谋杀祖父母父母"，凡此种种。同时，与各种客观具体的行为模式相配合，法律后果则设置一一对应、轻重不同的固定刑罚。"杀一家三人"即是这种立法思维模式的产物。

笔者推测该罪的设置初衷：从立法本位看，古典立法建立在团体本位而非个人本位基础上，对家的法益保护尤为重视；从数量角度看古人认为"三人为众""三人谓之群"，因此立法上多以"三"为界限；从户籍规模看古代多是五口之家，杀害一家的三人意味着一户家庭很可能面临家破人亡，几遭灭门，所以这种罪行的社会危害性极大，性质特别严重，需要专门立法严厉惩治。传世法典从《唐律疏议》到《大清律例》，"杀一家三人"罪都被纳入"常赦所不原"的"十恶"范畴，其位列谋反、谋大逆、谋叛、恶逆之后，属于排名第五的不道的内容之一。追溯其渊源，三国时曹魏的如淳已经有"律，杀不辜一家三人为不道"之明确说法，可证其历史悠久。

鉴于其罪性之恶劣——"杀人之最惨毒者"（《读例存疑》引清律总注）——除了将其列入"十恶"予以专门警示外，该罪的法律后果也尤为严厉。《唐律疏议》《宋刑统》不仅对罪犯本人处以斩刑，还要缘坐其妻、子流二千里，《大明律》《大清律例》除了缘坐维持不变，更进一步加重惩罚力度，罪犯本人要被处以凌迟这种最酷烈的刑罚，其财产也会归于死者之家。以下是《唐律疏议》与《大清律例》中该罪的相关内容。

> 《唐律疏议》"杀一家三人"律：诸杀一家非死罪三人（同籍及期亲为一家）。即杀虽先后，事应同断；或应合同断，而发有先后者，皆是……妻、子流二千里。
>
> 《大清律例》"杀一家三口"律：凡杀（谓谋杀、故杀、放火行盗而杀）一家（谓同居虽奴婢、雇工人皆是，或不同居果系本宗五服至亲亦是）非（实犯）死罪三人……凌迟处死，财产断付死者之家，妻、子（不言女不在缘坐之限）流二千里……（若将一家三人先后杀死则通论……）

古典立法的特质利弊兼具，一方面使得犯罪构成与刑罚具有确定性，另一方面也容易导致规则的适用围过于狭窄，在实践中每每会遇到规则有限情伪无穷，情罪之间不能一致等困境。"杀一家三人"律同样面临着这种问题，对此明清时代通过增设条例这种特别法的方式进行回应,到了清朝后期,依据薛允升的《读例存疑》,"杀一家三人"律所附属的条例已经达到17条,其内容既有对律文的补充细化,也有新规则的变通创立,第十条就是第二种情形,该条例处理的是复仇与杀一家三人之间内在的紧张关系,内容为:

> 为父报仇除因忿逞凶,临时连杀一家三命者仍照律例定拟外,如起意将杀父之人杀死后,被死者家属经见,虑其报官复行杀害致杀一家三命以上者,必究明报仇情节,杀非同时与临时逞凶连毙数命者有间,将该犯拟斩立决,妻、子免其缘坐。

对比律文与条例,虽然罪犯最终都不免一死,但律是凌迟,条例是斩立决,且不用缘坐亲属,惩戒力度显然有所不同,其中最重要的因素,乃因为后者有复仇情节。该条例乃嘉庆四年(1799年)奉旨所纂,出自现实的案例即嘉庆二年(1797)发生在陕西的曹得华谋杀陈东海一家三命案。祝庆祺、鲍书芸编辑的《刑案汇览》卷二十八收录了此案,案由是"为父报仇杀死三命并非同时"。

该案主犯曹得华的父亲曹金陵因索欠被陈东海所杀,陈东海依斗杀罪判绞监候,秋审缓决一次,在嘉庆元年(1796)因为新皇帝登基赦免释回,因此曹得华决定谋杀陈东海为父报仇。在嘉庆二年(1797)十月十二日,他趁地方贼匪作乱,民众纷纷避难动荡之时,觅得机会,在曹子金、苏良陇的帮助下,刀矛并用,将陈东海戮死,抛尸河边。十三日,曹得华遇见陈东海之母陈吴氏、之子陈黑子，担心其查询报官，决定杀人灭口，遂与苏良陇将两人杀死。案发后，对于这起谋杀一家三命之案的主犯曹得华，陕西巡抚的意见是依据"杀一家三人"律处理，即将其凌迟处死，其妻缘坐发遣，其财产饬县查明，照亲女承受户绝财产之例给尸女宋陈氏收领。

按照清代的覆审制度，该案由刑部覆审后向皇帝题奏。嘉庆皇帝一方面认为原来的审理意见是按律办理，但另一方面认为复仇情节应该具体分析。在其看来，曹得华是在杀死陈东海为父报仇后，因为担心陈母与陈子报官而再行杀死二人，并非同时杀死三人，与临时逞忿连毙数命者不同，所以处以最高等级的刑罚凌迟过重，应从宽处理，决定对曹得华处以斩立决，其妻免发遣。更要求刑部就该案的处理方式纂定条例，以后对此类案件依据新例办理，其背后是否因为新皇登基，有意彰显权威，力图作为，颇耐咀嚼。

见微知著，可见直至清朝后期，古典中国法中亲属复仇仍然具有强烈的正当性，对立法与司法产生重大影响。《大清律例》"父祖被殴"律就有规定子孙为祖父母父母复仇，擅自杀死凶手时，可以减轻甚至不追究其刑事责任。〔"若祖父母父母为人所杀而子孙（不告官）擅杀行凶人者，杖六十，其即时杀死者，勿论（少迟，即以擅杀论）"〕。本案中曹得华如果只杀陈东海一人，依律也只是永远监禁而无需死刑〔"此案曹得华为报父仇，若仅将陈东海杀害止应照律定拟尚可入于缓决，永远监禁"〕。而在其连杀三人的情况下，嘉庆皇帝仍然试图从中找出"杀非同时"这一略显牵强的理由予以宽减。而该理由的规则化，实际上是以例破律，突破了律文关于"若将一家三人先后杀死则通论",即不是一次而是分批杀死三人仍然同样论处的规定。

如果说依据清代"有例不用律"即特别规定优先适用于一般规定的适用准则,上述做法仍可成立的话,条例之间的冲突扞格,则更容易造成法律适用的困境。例如第八条条例:

> 凡杀一家非死罪二人,及杀三人而非一家内二人仍系一家者,拟斩立决枭示,酌断财产一半给被杀二命之家……

如果依据该条例,本案抛开曹得华为父报仇杀死陈东海的事实不计,单以曹得华杀死陈东海的母亲与儿子二命之事,即会被斩立决并枭首示众,断付一半财产。两例适用对比参照,本案的刑罚轻重乃不一致,用薛允升《读例存疑》的话讲,"似嫌参差",可见个案的衡平可能会带来整个律例体系的失序。

从"杀一家三人"律的凌迟,到第十条条例的斩立决,再到第八条条例的斩立决枭示,在当代人看来皆为死刑的范畴内,古人反复进行着量刑上的比较权衡,试图达到最理想的效果,折射出古典律学作为"刑罚轻重上下的学问"的特色。

从大历史的视野来看,追求"情法之平"是古今中西法文化面临的共同问题,只是措辞有所不同而已。在法律近代化的语境下,我们更多用犯罪与刑罚相适应即"罪刑相当"这种刑法的基本原则来形容之。目标虽然一致,但实践有所不同。在古典中国法中,"情"有着丰富的内涵,从古代的案牍可见,其包含着客观事实与主观情感两种层面,前者例如"情节""案情"等,后者例如"情重""情轻"等。从这一角度分析,古典中国法决非主观臆断、任性肆意，其毋宁是精细缜密，纤悉无遗，追求某种主客观的一致性，甚至不免反受其累。因此，如果试图以现代学术的视角来对其进行归类，无论是将其视为刑法的旧派还是新派，都不免陷入以偏概全的窠臼，而丧失古典中国法自身的特质。

这种主客观相结合的"情"的内在考量因素会呈现出某种民族性的特征，就本案而言，其表现为"杀一家三人"与亲属复仇的冲突与协调。这种张力关系，并不会因为近代以降中华法系解体，中国法大转型而发生改变，其更像是如梅特兰所说的"历史是一张无接缝的网"。典型的例证可见民国时期的奇女子施剑翘为父报仇杀死军阀孙传芳一案，同样面临着"情法之平"的难题。在解决方案上，无论是古典时期"为父报仇杀死三命并非同时"案通过皇帝的决断进而上升为立法，还是民国时期施剑翘案将她定罪后通过特赦模式加以赦免，一言以蔽之，都是在"治法"与"治人"之间寻找一种合适的平衡。

附录：《刑案汇览》卷二十八"为父报仇杀死三命并非同时"。

陕抚题：曹得华纠约曹子金、苏良陇谋杀陈东海一家三命一案。缘曹得华种地度日，雇伊无服族侄曹子金帮工，曹得华之父曹金陵因索欠被陈东海杀死，将陈东海依斗杀拟绞秋审缓决一次，嘉庆元年遇赦释回。曹得华见陈东海回归，蓄意杀死与父报仇，因未得便下手。嘉庆二年十月初五日，贼匪至紫阳县境内双河塘地方滋扰，曹得华将伊母苏氏、妻黄氏等送至山洞躲避，自同曹子金看家，十二日曹得华见陈东海由门首经过，触起前情，欲乘机杀死，假为被贼杀害，希免查究。因陈东海力大难敌，随商允曹子金并伊表兄苏良陇相帮，分携刀矛，俟陈东海转回，曹得华用刀连戳陈东海左胁等处，陈东海喊救跑进廖士富屋内躲避，曹得华赶进又用刀连戳陈东海手腕等处，苏良陇、曹子金亦先后赶进，苏良陇用矛戳伤陈东海左颌颏倒地，曹子金用矛戳伤陈东海右胁，廖士富与寄居之刘登盈闻喊趋救，刘登盈向曹得华夺刀，被刀尖划伤左手二指，陈东海伤重登时殒命。廖士富等询悉情由，欲行报官，曹得华以张扬到官定行扳害之言吓禁，廖士富等畏累未敢声张，曹得华将尸身移至河边而去。是晚苏良陇住宿曹得华家。十三日曹得华令曹子金往双河塘探听贼匪信息，陈东海之母陈吴氏因子探贼未归，同孙陈黑子往接，经过曹得华门首，曹得华瞥见，虑其查询报官，起意将陈吴氏、陈黑子一并杀死灭口，又向苏良陇商允，赶至偏僻地方，曹得华砍伤陈吴氏，苏良陇殴伤陈黑子，先后滚跌沟下，陈吴氏、陈黑子均即殒命。十四日陈东海之女宋陈氏因祖母吴氏等俱未回归，央伊戚王陇璜找见各尸，转告宋陈氏前往看明，疑系遇贼杀害，买棺殓埋，未经具报。经县访闻，先后获犯。除听从加功杀死三命罪应斩决之苏良陇业经病故不议外，将曹得华依杀一家非死罪三人律凌迟处死，曹子金听从加功谋杀陈东海一命，依律拟绞监候，曹得华之妻黄氏照例发遣。廖士富、刘登盈因被吓禁，畏累未报，讯无受贿隐匿情事，均照知人谋害他人不首告律杖一百。乡保在卡堵御贼匪，无从觉察，应与疑贼所杀私埋未报之尸属宋陈氏、王陇璜均应免议。曹得华财产饬县查明，照亲女承受户绝财产之例给尸女宋陈氏收领。等因。嘉庆四年四月二十七日题。二十九日奉旨：刑部具题议覆陕西省民人曹得华等谋杀陈东海一家三命，将曹得华定拟凌迟处死一案。详核案情，曹得华因伊父曹金陵系被陈东海斗殴杀死，陈东海拟抵减等遇赦释回，后曹得华蓄意报仇，商同苏良陇等将陈东海连戳毙命。陈东海之母吴氏携孙陈黑子探听陈东海下落，从曹得华门首经过，曹得华瞥见，虑其查询报官，复商同苏良陇将陈吴氏、陈黑子砍殴滚沟同时殒命。此案曹得华为报父仇，若仅将陈东海杀害止应照律定拟尚可入于缓决，永远监禁。今因杀死仇人之母子总计一家三命，问拟凌迟固属按律办理，惟是曹得华究有为父报仇情节，且杀毙陈东海后，若因忿逞凶复找寻至陈东海家内将伊母伊子一同杀害，自应依杀一家非死罪三命律定拟，今因陈吴氏、陈黑子往伊门首经过，致被瞥见，恐查询陈东海下落以致报官，遂行杀害，则与临时逞忿连毙数命者究属有间，以为父报仇之犯杀毙三命固未便稍为宽纵，但有此情节，杀非同时遂致处以极刑，亦觉过重。曹得华着从宽改依斩立决例即行处斩，其家属并免发遣，苏良陇业经病故不议外，曹子金依拟应绞着监候秋后处决，余依议。并着刑部将此条纂入例内，嗣后内外问刑衙门遇有似此案件，即遵新例办理。钦此。通行已纂例。

（原载《检察日报》2018 年 4 月 10 日第 3 版，
刊登时名为《从律例规定变化看古典中国法"情法之平"》）

李敖：法学院的匆匆过客

近日李敖先生驾鹤西去，其作为一个"誉满天下""谤满天下"的争议人物，或许盖棺尚未可定论，仍有待岁月检验。拙文试图从《李敖回忆录》《李敖快意恩仇录》（李敖文集，长春：时代文艺出版社 2013 年版）出发，爬梳勾勒其作为台湾大学法学院匆匆过客的历史细节，管中窥豹，折射其个性特征之一二。

1954 年，十九岁、高中二年级肄业生的李敖以同等学力参加大学考试。当时台湾地区的大学考试是四校联招，包括台湾大学，台湾省立师范学院（师范大学前身）、台湾省立农学院（中兴大学前身）、台湾省立工学院（成功大学前身），李敖的第一志愿是台湾大学中文系。这种专业选择，很容易让人联想到中国大陆上世纪 70 年代末恢复高考时，文史哲专业大热的场景，彼时可以说文科最优秀（或者说最高分）的考生多报考于此。而法律一来作为保密专业需要政治考核，二是刚经历无法无天时代，内容乏善可陈，并非天之骄子们心目中的第一选择。在此之后八九十年代大陆的商品经济、市场经济澎湃兴起，象牙塔受社会大潮影响，商科、法科转而变为热门显学而人文学科日趋凋零，不免让人好生感慨。

大考放榜，造化弄人，李敖因几分之差，没有考上心仪的台大中文系，转而被法律专修科（案：即专科）录取。报名时的顺手圈选，结果却是阴差阳错。入学之后，班中同学有的发现其分数本可以上法律系（案：即本科）却被误分到此，有的是少三到五分被分到此，而该班两届凡150人的成绩要高于联考的其他三校的本科生，相比之下，高分者却只能读专科，于是群情激愤，通过投书报馆等各种渠道一再反映。当时该法律专修科由"司法行政部"提议设立，部内高官在此兼课，"部长"林彬教授《刑法总论》，"次长"徐世贤教授《中国司法组织》，听从民意，赞成改制，于是法律专修科改为法律系司法组，原来的法律系改为法学组。在皆大欢喜的改制前夜，特立独行、心有不甘的李敖却决定退学重考，成为当时该班莘莘学子的唯一例外。因为按照规定，台大学生只有先行退学，才能重考本校。破釜沉舟之下，李敖在第二年也即1955年重新考入台大文学院历史系。这种再考台大之举，似乎后来的陈水扁也有过，只是他是从台大商学系工商管理组重新考入法律系司法组。

从1954年9月14日入学，到1955年6月27日办理退学，李敖作为台大法学院的学生，不足一年，可谓匆匆。虽然"法律不足以慰藉其心灵"，李敖没有选择法律为专业，但人生经历却与法律有不解之缘，按照本人的说法，"我从三十六年前（1962年）被胡秋原告到法院后，自此讼性大发，打官司变成家常便饭，前后出庭几百次，或原告、或被告、或告发人、或代理人，进出法院，自己几无宁日，而敌人与法官更无宁日。"（《李敖快意恩仇录》，页278）古人云："争罪曰狱，争财曰讼"，一言以蔽之，他这种狱讼相随的人生或可谓法律人生了。这种人生的品性似乎有着讼师与讼棍正邪交杂、复杂混沌的面相，其誉毁参半恐怕很大程度上也因缘于此吧。

李敖虽然最终读的是历史专业，但有趣的是本科论文仍然与法律密切相关，可见第一专业潜移默化的影响，期间更留下一段颇为吸引眼球的记录：

"我大学毕业论文题目是《夫妻同体主义下的宋代婚姻的无效撤销解消及其效力与手续》，写作过程中，因为牵涉到中国法制史，特别到法学院找材料。施启扬陪我，拜访了戴炎辉教授。后来我发现原来戴炎辉的著作，多是抄袭日本学者仁井田陞的，特别告诉了施启扬，他大吃一惊。那时他也研究中国法制史，可是法学院的仁井田陞及其他有关法制史的著作，都被戴炎辉借走，别人都无法看到，他乃向我借去不少。"（《李敖快意恩仇录》，页 60—61）

坦率而言，文字所见虽然信息量大，但仔细品读之下，不无失当之处。首先，论文的题目《夫妻同体主义下的宋代婚姻的无效撤销解消及其效力与手续》似乎过于追求文字的周全完备，仿佛是在起草法条或者合同，有失简明扼要，不免冗长而显匠气。我没有看过这篇论文的内容，无法评价得失，仅对题目就事论事。

其次，对戴炎辉先生的介绍有失偏颇。李敖的描绘仿佛是《围城》之一景：方鸿渐在三闾大学匆促备课，于图书馆借得一本好教材，决定秘而不宣，以方便自己上课时对学生显得高深莫测，认真听讲记笔记。实际上戴炎辉与仁井田陞皆出自日本法制史学科的创始人中田熏门下，仁井田陞是日本的中国法制史研究奠基者。1962 年戴炎辉以《唐律通论》申请东京大学的博士学位，仁井田陞正是其口试召集委员，曾表示戴先生唐律研究的成果，是他所无法达到的。（黄静嘉：《戴炎辉：朴实谨严、开一代之宗风的大师》）仁井田陞一生参与学术论战多多，对待学术认真严厉，他的师侄滋贺秀三在名著《中国家族法原理》（该书获得日本学士院赏）出版之际，就特别致谢他学术批评的作用："仁井田先生给予我的教益非常之大，我的旧著公刊以来，先生再三执笔提出严厉的论难，对此无论如何也应当道谢，如果说正是在经受这些批评而想要站直了的努力之中本书才得以产生出来，恐怕也非夸张。"（《中国家族法原理》序）从这些方面看，戴炎辉若是有李敖所说学术不端，又怎能在要求严格的日本学界顺利申请到学位，以唐律、淡新档案等研究在国际学界赢得口碑？李敖语不惊人死不休固然彰显个性，但与事实真相难免有差距矣。

作为法学院学生的李敖，可谓匆匆；作为无所不在法网中人的李敖，则是漫长。

每每提及李敖，总会让我想起大学时代的上铺兄弟胡锦河君，他与我踢球结缘，相处甚宜。当年经他推荐，我初识李敖其人其事其书。胡君个性鲜明，桀骜不驯，和李敖颇为相似，为人坦荡，是条汉子。当年他在深夜一烛如豆，翻阅李敖著作的场景，让人印象深刻。现在李敖芳华已逝，胡君更在十年前不幸去世，今日写下这段并非"多余的话"，谨表对好友的怀念与哀思。

（原载《方圆》2018 年第 9 期，刊登时名为《法学院的匆匆过客》）

第三编　清韵烛光

清华校歌的故事

古人讲"乐合同"，一个学校的校歌具有彰显精神气质、体现历史文化、凝聚校友认同之功能。清华最早的校歌是英文的，由一位美籍女士所作，这与其最初作为留美预备学校，校园文化具有浓厚的西式氛围不无关系。该 *Tsing Hua College Song* 由两段组成，第一段可见翻译家方重的遗作《求学年代漫笔》，[1] 其中文全译本可见《清华周刊》第三次临时增刊（1917 年 6 月 16 日）。作为有价值的史料，特并录于下。

（一）

同学少年肝胆相亲，荟萃一堂豪爽。

我歌于斯汝其和予，斯校一时无两。

---

[1]《清华校友文稿资料选编》第 1 辑，清华大学出版社 1991 年版，第 37 页。

广播令闻树立荣名，群雄莫与争衡。

谓予不信请君来临，会当赞和同声。

同声 同声 会当赞和同声。

噫清华嘻清华吾校岢巍。

美哉吾校旗愿日增汝之光辉。

噫清华惟清华真吾校兮。

吾敬之吾爱之长相依兮。

O come and join our hearty song,

As proundly here we stand;

For Tsing Hua College let us sing,

The best in all the land.

We'll spread her fame and win a name,

And put our foes to shame;

If you don't agree, come on and see,

And you will say the same,the same,

And you will say the same,

O Tsing Hua, fair Tsing Hua, our College bright!

May we be loyal to the Purple and the White.

O Tsing Hua, fair Tsing Hua, our College true.

We are loyal, we're fainthful, we stand for you.

（二）

各种比赛到处竞争，在我权操必胜。

夺得锦标赢得英名，济济师师称盛。

劳燕西东他日相逢，班荆共话离衷。

母校勿替校誉克继，且继今而长隆。

长隆 长隆 且继今而长隆。

噫清华嘻清华吾校岿巍。

美哉吾校旗愿日增汝之光辉。

噫清华惟清华真吾校兮。

吾敬之吾爱之长相依兮。

对于这首英文校歌，当时清华学校的学生、未来的哲学家贺麟批评道："此歌与清华'自强不息、厚德载物'之校训，一点关系没有；对于清华荟萃中西文化，造就领袖人才的宗旨，也风马牛不相及。歌中很多难听的句子，与中国的国民性，更是格格不入。"总之，在贺麟先生看来，该英文校歌不能代表清华精神与中国文化的精神，只是幼稚美国化的代表，而非其精髓。他认为若一定要有英文校歌，可请赵元任、吴宓、张歆海等先生另撰一首。①

校歌作为学校意蒂牢结（ideology）之象征，其选择可谓一校之"宪法"问题。清华乃由美国退回超收的庚子赔款所设立，位处圆明园畔，其渊源和选址，皆与国耻密切相关，早期培养的学生，则以留美为目标，因此其承载的民族感与西方化之间的关系，尤为复杂纠结。校歌相关问题讨论的背后，正是此种情绪之反映。

---

① 贺麟：《"清华中文校歌之真意义"书后》，《清华周刊》总第 358 期，1925 年 11 月 6 日。

　　1923 年，清华征求校歌，经在京名流几经审定，汪鸾翔（字公岩）先生精心撰写的歌词最终入选，随后，延请张慧真女士谱曲，这就是沿用至今的校歌之由来。汪先生是清华学校高等科国文教员，张慧真女士是英文文案处主任何林一先生的夫人。当时《清华周刊》（总第 307 期，1924 年 3 月 28 日）刊登的校歌写的赫然是"何林一夫人作曲"，不了解彼时书写习惯者往往容易误会"何林一"是位女士，将其张冠李戴为作曲者。

清華學校校歌

汪鸞翔先生撰歌　　　　　　　　　　　　何林一夫人作
（Eb調C）

（一）西山蒼蒼 東海茫茫 吾校莊嚴 巋然中央
（二）左圖右史 鄴架巍巍 致知窮理 學古探微
（三）器識為先 文藝其從 立德立言 無問西東

東西文化 薈萃一堂 大同爰躋 祖國以光 莘莘學子
新舊合冶 殊途同歸 肴核仁義 聞道日肥 服膺守善
孰紹介是 吾校之功 同仁一視 泱泱大風 水木清華

來遠方 莘莘學子 來遠方 春風化雨 樂未央
心無違 服膺守善 心無違 海能卑下 眾水歸
眾秀鍾 水木清華 眾秀鍾 萬悃如一 矢以忠

行健不息 須自強 自強 自強 行健不息
學問篤實 生光輝 光輝 光輝 學問篤實
赫赫吾校 名無窮 無窮 無窮 赫赫吾校

須自強 自強 自強 行健不息須自強
生光輝 光輝 光輝 學問篤實生光輝
名無窮 無窮 無窮 赫赫吾校名無窮

（一九二四年三月十八日下午十二點半第一次全體練習）
（　　　　　　　　　二十　　　三點一刻　　正式合唱）

管中窥豹，可见即便五四运动之后，虽在高知阶层之间，妇女仍不免作为男性的附庸存在，张女士险些成为历史上的失踪者。好在时过境迁，今天清华的校歌上已经郑重写上张慧真女士之大名，还其著作权和历史应有地位。值得一提的是，语言学家赵元任曾为该校歌编了四部合唱。

清华大学校歌
Song of Qinghua University
（四部合唱）

汪鸾翔词
张慧真曲
赵元任编合唱
（1930）

1. 西山苍苍，东海茫茫，吾校庄严，巍然中央，
2. 左图右史，邺架巍巍，致知穷理，学古探微，
3. 器识为先，文艺其从，立德立言，无问西东，

东西文化，荟萃一堂，大同爰跻，祖国以光，
新旧合冶，殊途同归，肴核仁义，闻道日肥，
孰绍介是，吾校之功，同仁一视，泱泱大风，

莘莘学子来远方，莘莘学子来远方，
服膺守善心无违，服膺守善心无违，
水木清华众秀钟，水木清华众秀钟，

（按：出自《赵元任全集》第 11 卷，北京：商务印书馆 2005 年版，第 272 页，标明时间是 1930 年，另据《赵元任音

乐作品全集》，上海音乐出版社 1987 年版，则标明为 1927 年）

中文校歌新鲜出炉，颇受好评。《清华周刊》（总第 307 期，1924 年 3 月 28 日）专门推出《新校歌之教训》的社论，开篇伊始即曰："'西山苍苍，东海茫茫！'新歌攸扬，吾闻之而志舒，吾闻之而心怡"，赞美之情溢于言表之余，亦对此前的缺憾加以强烈批判，"若近十年而无中文校歌，事之尤乖谬者，吾闻之而心痛，而心悲，而心耻，耻中国学校而无中文校歌也，耻清华之善忘其国华，而必服膺他人之糟粕也，耻当局学生见义而不能勇为也"。该文作者署名"果"，应即李惟果，其 1927 年清华毕业，赴美学习西洋史、国际公法，获加利福尼亚大学学士、硕士学位，哥伦比亚大学博士学位，回国任四川大学、武汉大学教授，后活跃于政坛。

贺麟先生认为新校歌"实儒家学说之结晶，可以表示中国文化的精神。而同时又能符合校训，达出清华教育宗旨。且校歌措词，亦颇得体"，其还提到中文校歌为同学们所欣赏，在全校大会中演唱，已经取代了英文校歌之地位云云。（《"清华中文校歌之真意义"书后》）

对于新校歌的意涵，汪鸾翔先生特别撰文《清华中文校歌之真义》[①] 进行解析，贺麟先生《"清华中文校歌之真意义"书后》亦有补充引申。受两文之支援意识，笔者总结出新校歌的三点特质：首先，格局宏大，眼光独到。新校歌以学术救国为清华己任，并结合清华特点与世界潮流，提出"融合东西文化"的目

① 汪鸾翔：《清华中文校歌之真义》，《清华周刊》总第 353 期，1925 年 10 月 2 日。

标定位，对固有文化和外来文化持一种兼容并蓄、平等视之的立场。其次，用典雅致，寄望殷殷。例如"大同"出自《礼记》，寄寓极乐世界理想；"自强""行健"出自《周易》，契合校训；"春风化雨"出自《孟子》，以孔孟教学期许师生之间情感融洽。再次，理念先进，意义隽永。例如以"致知穷理，学古探微"揽括科学、文学和哲学各类学科，寓意并行不悖，任人选择，体现自由教育之风；以"器识为先，文艺其从"教诲学生注重内在德性修养，切勿只恃外在技艺和小聪明，造成本末倒置。

凡上种种理念，对于今天努力要建设世界一流大学的主政者，苦恼于精致利己主义盛行的教育者，或许不无启发意义呢！

1928 年 9 月 18 日，三十一岁的罗家伦挟北伐之威莅临清华园，成为国立清华大学的首任校长。这位当年五四运动的北大健将雄心勃勃，试图对清华做出全面彻底的改革。罗氏有大将之才，锐意进取，无论是学校管理上的改隶教育部，废除清华董事会，师资建设上的延聘名家，提高薪酬，清退冗员，还是学生培养上男女平等招收女生，不拘一格录取钱钟书，皆是可圈可点之举。但其年轻气盛，也不免干涉过多，试图另起清华校歌炉灶即是一例。

其在民国十九年一月五日（星期日）的日记中写道：

> 一早即为清华拟校歌，原有校歌太不成，（一）无理想；（二）且无意义；（三）即文字亦多不通。另拟校歌一事，蓄意已久，酝酿胸中，至今方下笔。分两段，上段重学，下段重行。学的方面，注重造成敦朴实在之学风，并冀培养出精深学术的研究；行的方面，在祛偏狭、

苟安、自利之浇风，而以为而不有、成而不享为最高原则。词句几经斟酌，并示金甫。[①]

所言"金甫"，也即当时清华大学的教务长、文学院院长杨振声。罗氏空降清华，带来三人，除其秘书，另外两位是冯友兰先生与杨先生，校歌一事，亦可证罗、杨二人关系密切。

此外，吴宓先生在民国十九年（1930）一月六日（星期一）的日记中也有一条记载：

> 晨十时，罗校长招宓至办公室，以所作《校歌》相示。[②]

可见罗氏校歌还曾请吴宓过目，但从吴先生日记中看不到其臧否评价。平允而论，罗家伦才华横溢，可是其对清华校歌之评价，即便花入各人眼，此种"太不成""无理想""无意义""多不通"的"两无两不"之贬损也不免言过其实，过于意气。以校长身份换校歌之举，不免有滥用权力之嫌，亦容易激发青年学生的强烈反弹，甚或教授的微词。政治学系教授浦薛凤的回忆录记载道：

> 其（指罗家伦）对清华大学之有成绩与贡献，自不待

---

① 罗久芳、罗久蓉编辑校注：《罗家伦先生文存补遗》，中研院近代史研究所，2009 年 12 月，第 432 页。
② 吴宓：《吴宓日记》第五册，三联书店 1998 年版，第 5 页。

言。惟如自写一首诗词，意欲代替原有之清华校歌等项，不无炫耀才华，过露锋芒之处，此可于当时学生所办清华周刊几篇讥讽报导中见之。风潮既起，罗氏住入城内某巷旅社，曾嘱其亲信，邀予前往一谈。伊谓事出无端，甚不合理，盼教授方面主持公道，有所表示。予只能以容加考虑相答。思维再四，实属无从置喙，盖清华一般教授只知授课研究，其他不闻不问，根本末由商量，更谈不到表示。一九三〇年五月二十三日罗校长向教育部辞职，迟至一九三一年三月十七日行政院始决定准辞……①

历史系教授蒋廷黻也认为：

他（指罗家伦）是一个在各方面都喜欢展露才华的人，此种个性使他得罪了很多教授。所以当反罗运动一开始，多数教授都袖手旁观，不支持他。一九三〇年的清华学运，使罗校长离开清华。②

罗家伦主政清华不到两年，即挂冠而去，其间因果，政治压力有之，与学生关系交恶有之，教授们态度消极有之，后两者推究起来，事关"宪法"的校歌问题很可能是导火索之一。罗氏一去，人走茶凉，其撰写的校歌也无人再提。

晚年时罗家伦曾总结作词经验：

① 浦薛凤：《万里江山一梦中》，黄山书社2009年版，第154页。
② 蒋廷黻：《蒋廷黻回忆录》，岳麓书社2003年版，第131页。

　　因为我曾经作过若干歌词，流传颇广，所以青年们常问到我歌词写法的问题。这话却把我难倒了，我决不敢说我的歌词可作典型，我只是知道一点作歌词的甘苦。有些朋友要我为了他们的学校或团体作歌，以为我一挥即就，老天爷！哪有这回事！作诗歌不是象榨油一般可以榨出来的，必须要靠兴到神来。但是兴到神来还是最后一着，以前还有两步。第一、要对你所歌詠的对象，有深切的感受和体会；第二、要把你自己的感情放射进去，诗歌才有生命。最后，才等待兴到神来。中国小说书上常用两句道：'正是：踏破铁鞋无觅处，得来全不费功夫。'作诗歌的人，要写成一首好的诗歌，常常尝到此中的酸甜苦辣。①

　　今日查索《罗家伦先生文存》十二册和其附编、补编和补遗三册，惜未能一睹罗氏清华校歌芳容。后来他出任中央大学校长，撰写中大校歌，或许可以弥补他当年的清华之憾。

　　校歌记载历史，本身传承亦是历史，她的微言大义，她的名人典故，是校史重要的组成部分，是国家与社会变迁的折射。当光阴荏苒，时代巨变，当年的这首校歌，今天仍在海峡两岸传唱，时间已经给出检验经典的答案。

（原载《清华大学清新时报》"新宇说"专栏，2014 年 10 月 16 日）

---

① 罗家伦：《诗歌和乐谱》，《自由青年》第 17 卷第 6 期，1957 年 3 月 12 日。

《无问西东》沈光耀背后的故事

　　花入各人眼，电影《无问西东》四组人物之中最引起我震撼共鸣的是沈光耀的故事。其所代表的是一批在国家与民族危亡之际，以纯白之心勇赴国难，忠骨埋于青山的国族菁英。作为一个历史的业余爱好者，小文试图分享的是沈光耀历史原型人物的生平事迹及其家庭典故。

　　最为接近沈光耀的历史人物是沈崇诲，鲜为人知的《我的自传》是迄今关于沈崇诲最为翔实的一手资料，该《自传》写于1934年，刊登于1940年《中国的空军》第二十九、三十期合刊上。

　　依据《自传》，沈崇诲祖籍南京，家族在太平天国战乱时期迁徙湖北武昌，1911年其出生于此辛亥革命元兴之地，父亲

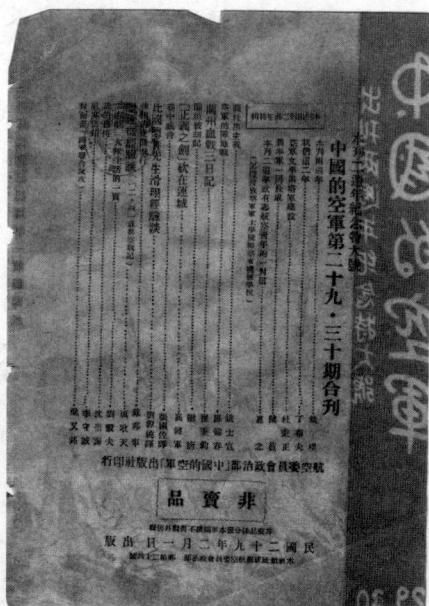

是一个法律人。关于其父，《自传》中只提到"为国家服务，忠勤劳瘁，无时不在奔忙"，并无谈到名讳职务，坊间的说法是沈崇海的父亲乃清末民国时期知名的法律人沈家彝先生，这种说法具有相当可信度。

根据《民国人物大辞典》（增订版，河北人民出版社 2007年，第 748 页）：

> 沈家彝（1882—1954），字季让，江苏江宁人。1882年（清光绪八年）生。1903 年，癸卯科举人。毕业于日本帝国大学。曾任清政府工部郎中，资政院编纂员，大理院推事，蒙藏事务处副科长。1914 年 6 月，任奉天高等审判厅厅长。1925 年，任京师高等审判厅厅长。1929年，任北平特别市政府秘书长，私立上海中国公学法律系教授。1930 年，任国民政府司法行政部参事。后任北京私立中国大学秘书主任兼代理教务长。1936 年 3 月，任河北高等法院院长。1948 年，任司法院大法官。撰有《社会种类之纲目》。

另据当时的《司法公报》，在 20 世纪 30 年代初期，沈家彝还署理上海江苏高等法院第二分院院长。

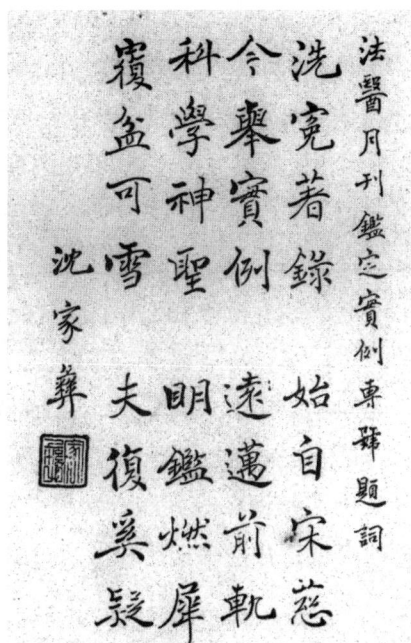

沈家彝先生给《法医月刊》的题词

有意思的是，《民国人物大辞典》中沈家彝与沈崇海的词条正好是前后相续。两人不仅籍贯相同（江宁即南京），沈崇海在《自传》中还曾谈到1932年"双亲已赴上海"，与沈家彝出任司法行政部参事和江苏高等法院第二分院院长时间吻合，从这些角度讲，沈家彝很可能就是沈崇海之父。从沈家彝的履历看，《无问西东》将沈光耀塑造为一个世家子弟，应该是符合史实的。

与对其父介绍寥寥数笔相比，沈崇海在《自传》中对母亲的着墨甚多。沈母不仅是其教育的发蒙者，"幼年教育的责任，完全由我的母亲担任。认方块字，读古文，学加减除，日夜的督促，她是我当时心目中最敬畏的人"，更对其爱国思想与行动的形成有重要的影响，"我从小在母亲的严格教导下，对于岳飞、史可法等民族英雄真是钦仰得五体投地"，最终航校求学，其动力"一半是因为我决心尽国民的责任，另一半就是要实现亡母的遗教"。

《无问西东》对沈氏母子情深做出了深度的刻画，影片中的沈母曾力阻沈光耀从军，甚至要他下跪发誓，沈光耀最终乃偷偷报考空军。现实中沈崇诲亦曾因家人劝阻而无法报考海军、陆军，其同样瞒着母亲报考航校。与影片中沈母最终白发人送黑发人不同，现实中沈崇诲在收到航空学校录取通知的同日，也接到母亲病危的电报，其得以在送别母亲之后，毅然决然地投身军旅。

依据《自传》，1920 年沈崇诲考入北京成达高等小学，该校的创办者是民国名将徐树铮（字又铮），实行严格的军事教育，培养了其尚武精神。中学时代期他考入著名的天津南开中学学习。出自国家需要人才的考虑，1928 年沈崇诲在报考清华大学时，专业选择上放弃了中学时的文科，转而选择土木工程。其以"苦干"形容自己在清华前两年的学习状态——"在半夜四点钟以前睡觉的时候可说是极少"。清华期间，其不仅学习刻苦，体育方面也是成绩颇丰，"四年内都代表足球棒球校队，替清华争得不少的荣誉。此外并代表北平及华北地区出席运动，一时颇为活跃"。这种状态，不免让人联想起当年清华学校时期，同样在体育方面出类拔萃的孙立人将军。

孙立人（1900–1990）

军事家、民族英雄
1914年考入清华学校土木工程系
曾为中等科四年级五项球队（篮、足、
排、手、棒球）队长、校篮球队队长。1921
年第五次远东运动会中国篮球队主力后卫

照片出自清华大学体育部

1932 年清华大学毕业即将之际，沈崇诲原计划去西北工作，后因条件不成熟而作罢。毕业之后受同窗好友林文奎的影响，考入中央航空学校，他认为"学习国家所最需要的空军，我真是太幸运了"。

这段时期沈崇诲投身于训练，似乎断绝了与校友的联系，《清华校友通讯》（1934 年第 1 卷第 8 期）介绍他的近况：

> 人都不见他的面，大概在"上天"方面下工夫，将来亦是大器。

《无问西东》中沈光耀作为西南联大的学生，壮烈牺牲于 1943 年鄂西会战中。现实中的沈崇诲乃在 1937 年淞沪会战之中，驾驶战机与日舰同归于尽，为国捐躯。

照片来自网络

钱廷康画作《空军勇士沈崇诲与日舰同归于尽》，
《良友》1940 年第 5 期

这种义无反顾、从容赴死的悲壮在林徽因的诗《哭三弟恒》中有淋漓尽致的刻画：

> 弟弟，我没有适合时代的语言，
> 来哀悼你的死，
> 它是时代向你的要求，
> 简单的，你给了。
> 这冷酷简单的壮烈，
> 是时代的诗，
> 这沉默的光荣是你。

林徽因的弟弟林恒同样作为投笔从戎的青年，同样作为空军，牺牲于1941年成都空战。梁思成担心林徽因悲伤过度，隐瞒了此事。三年后，林徽因才知道弟弟的死讯，写下这首诗，既是对亡弟的哀悼，在我看来，也是对沈崇诲们的祭奠。

在《我的自传》中，沈崇诲的最后一句话是：

> "尽忠报国"——愿长此以自勉。

p.s.《无问西东》中由王力宏出演沈光耀，很有意义。除了演员本人形象健康，颇为符合沈光耀纯白之心的气质外，王力宏的奶奶许留芬女士，1937年毕业于清华法学院经济系。

母亲（立者右一）率兄姐与海军眷属合影。前排左起：许庆云、
许泰云、许婉清、许有榛；立者：右二许留芬

照片出自许倬云：《家事国事天下事》，
南京大学出版社 2012 年版

（原载"法学学术前沿"微信公众号，2018 年 1 月 27 日，
刊登时名为《清华教授详考〈无问西东〉沈光耀人物原型的故事》）

法者还是墨者开启帝国

——聆听何炳棣先生清华讲座有感

2010 年 5 月 13 日下午，何炳棣先生莅临清华，做《国史上的"大事因缘"解谜——从重建秦墨史实入手》讲座。三点半我到达科技馆，得知因人数过多，地点改至西阶。小友信一帮我占得一座，入座始定，发现有一老者坐轮椅，由年轻人陪同而至，似乎是数学家林家翘先生（后得确认）。林氏所谓"不管搞哪一行，千万不要作第二等的题目"，是何先生心目中清华精神的最佳代表，[①] 至此已感觉到今天除了演讲者之外，还会有一些重量级人物到场。与一般讲座不同，主办方很细心地准备了何先生演讲的论文发给大家，面对这份长达 43 页、渊博严谨的雄文，结合之前讲座通告时详细的内容说明，足可证今天的演讲，绝非应景，不由好生感慨。

四点钟，何氏到场，身材伟岸，如关西大汉，声若洪钟，完全符合我阅读《读史阅世六十年》已得之感觉，他走西阶的下行台阶时需要人协助搀扶，提醒我们岁月不饶人，其已经是九十三岁高龄。掌声中，何氏与一干人等寒暄，特别值得注意

---

① 何炳棣：《读史阅世六十年》，广西师范大学出版社 2005 年版，第 104 页。

的场景是其与九十五岁的林家翘先生的拥抱，清华大学的第九级和第十级，理科与文科两大翘楚，以这样的方式表达着惺惺相惜之情，再续同窗之谊。

讲座首先由杨振宁先生致辞，杨氏称何炳棣先生是"以近代方法研究中国历史的第一人"，我想此处应该是指何先生以社会科学甚至自然科学的方法研究中国历史之故。杨先生同时介绍一典故："两人在台北某次讲座时，何炳棣曾专门提及当年考取第六届庚款留美，其分数要比杨振宁高2.5分"，引来台下笑声一片。非常有意思的是，何炳棣先生可能因耳背没有听到此段介绍，在结束讲座时，仍再提2.5分一事。[①] 其实两人当年的科目一为西洋史，一为物理学，在每科只录取一人的时代，无疑皆是本专业中全国的最优秀者，这样"在意"的横向比较，也折射出当时打分的严肃严谨和何氏旺盛，甚至老而弥坚的好强之心。

讲座开始，何先生首先纠正论文中的打印错误，甚是严谨。他以陈寅恪在冯友兰的《中国哲学史》审查报告中特别提出的"佛教经典言'佛为一大事因缘出现于世'"为引子，认为其本人心目中国史上的大事，是秦专制集权统一郡县大帝国的建立及其传衍，其间的"大事因缘"是墨者竭忠尽智协助秦国完成

---

① 笔者曾询问过同听讲座者，皆认为当时说的是2.5分。经匙文字学棣查《国立清华大学第六届录取留美公费生一览表》（1944年8月）（收入《国立西南联合大学史料》三，云南教育出版社1998年版），两人平均分：何为78.50，杨为68.71。当时考试共八科，除了党义、国文、英文为共同科目外，每门要考五个专业科目。（《读史阅世六十年》，第127页）。2.5分说是如何比较，尚有待考。

统一大业，而本身却消溶于时代政治洪流之中。

墨家与秦帝国的关系？这与以往认为秦在孝公时期，任用法家的商鞅实施变法，奠定其强盛基础的通说显然不同，马上引发听者的兴趣。何先生通过对墨家矩子的详细考证，在梳理其谱系的同时，认为墨者在城防及军械发明上的专业技能，严格的纪律操守，扶弱抑强、视死如归的高尚道德感，与当时孝公之父，早年曾被流放为人质，坎坷即位后面临强魏觊觎威胁，力图富国强兵的秦献公一拍即合。正是在献公时代，墨者入秦，秦献公除了在军事城防上委之以重职外，当时所推行军政合一什伍之制的户籍改革及相应的连坐制度，也与墨家"尚同"的政治理念及相关主张的影响密切相关。

所以，秦献公和墨者的风云际会，才是秦由弱转强的枢纽阶段。但墨者清教徒般的理想甚高，常人难以接受；秦国由防御型转为侵略型国家，与墨者"非攻"的良心信念冲突；墨者的专业技能，也被新型的官僚制度所汲取利用却无法彰显其名。这段特殊因缘，终于以泯然于历史的结局收场，坊间也多是仅知孝公，归功商鞅了。因此，何先生以饱含感情的话语结尾："墨者原有兼爱非攻无私救世的清补良药，竟被时代巨变无情地化为本身生命的强酸消溶剂——这是国史和人类史上值得讴歌赞叹的永恒悲剧。"

当其说出结论的时候，我突然间觉得，这种譬喻，很可能与何氏当年曾读过化学专业有关，尽管后来由化学转历史，年轻时的专业影响，还是会在关键词显示一二。

但笔者觉得，墨家立意甚高的"兼相爱"理念，乃与"交相利"的功利主义考量关系甚密，惟其推行，又需依赖于在上者如奇理斯玛般上行下效的典范作用，但推崇"尚同"是否会导致过度的集权化，甚至为以后帝国的专制埋下伏笔？这种纠缠于现实与理想的法政理论，实有待从长而计之。我想，何先生肯定也会考虑到这些问题，只是限于今天讲座的主旨和时间，无法一一道来。

立足于考据文章之讲座，很难通过风趣幽默的演说方式来进行，难得的是，九十三岁的何氏，以缜密的思维，将其思路清晰地表达出来，这足以消除我原先"是否有必要去看看那只下蛋的母鸡"之顾虑。在场的听众，也以高度的注意力，静静地聆听，看来思想的火花，决不会因为语言的平实而有所逊色，润物细无声而非头脑风暴的影响，或许才是真正持久的受益。

何先生治史，针对"唯有思想史才能画龙点睛"的流行说法，曾非常形象地指出"不画龙身，龙睛何从点起"。[①] 在晚年先秦思想攻坚中，他以考据的方式，对《孙子》《老子》等的年代进行了考察，得出了与众不同的结论。此番关于墨者的研究，同样可见其将考据的方法运用得虎虎生风。在中华文化的基础问题上，正是最基础的史学方法发挥了最重要的作用。尽管何氏的批评主张是针对新儒家，但对今天常见的以理论先行、裁剪资料的法律史学乃至中国法学研究，也不无裨益的启示。思想／理论固然可以让人拥有翱翔的翅膀，但深刻的洞察应该建立在全面、坚实的史／资料基础上，惟有以"我注六经"的态度，真正透析思想—制度—社会—文化之间的关联，才能得出真正有说服力的结论，否则只能在"城头变幻大王旗"的他人

---

① 何炳棣：《读史阅世六十年》，第481页。

理论中亦步亦趋，最多"各领风骚几年"，最佳也就是很快沦为有"学术史上意义"，而不再有"学术意义"的作品。从这一点上讲，考据才是真正的王道，只有以其为基础，才能避免野狐禅。

演讲结束时，林家翘先生先离开会场，两人拥抱告别。透过略显混乱的照相机丛林，看着这有着历史意义的瞬间，我突然间意识到：那批1937年前入学，见证了清华校史上的黄金时期，后在国难中辗转西南联大的青年才俊们，很多都已经不在人世了。何先生也说，当年的同学、后来成为其夫人的邵景洛女士，已在几年前去世，"家无妇，不为家"，这怎不让豪情万丈、一直以斗士形象出现的何氏，感慨万分呢！我并非言必称三代之人，亦非简单的历史进化论者，目睹此情此景，仍然不免有淡淡的惆怅：那个特殊时空下的教育奇迹，今天还能否复制？

（原载《中国社会科学报》2010年8月5日第4版）

何处相思明月楼：楼邦彦的清华往事

当今的法学界，听过王铁崖、龚祥瑞两先生大名的应该不少，而与之"三同"——同学、同事、同为钱端升先生高足的楼邦彦，则知者寥寥，这位法律史上的失踪者，其实学问才识，与前两位相比，毫不逊色，奈何天不假年，逝世于1979年。他历经"运动"坎坷，虽然最终拨乱反正，得以"右派"平反，却没有赶上改革开放的好时候。近日《楼邦彦法政文集》出版，先生昔日的皇皇大著得以旧文重刊，重现天日，借此机缘，楼先生的子女、亲属、学生，以及生前好友如王铁崖、戴克光、吴恩裕等学者的后人们，重返先生的母校清华大学，和国内各高校的法学、政治学的学者们一道，在清华法学院明理楼，举办了一场温馨隆重的座谈会，追忆楼先生的风范举止，探讨他的学术思想。斯人已逝，故园仍在，小文对此想做一补白，谈谈"恰同学少年"的楼邦彦与清华园的渊源，缅怀那一段不应忘却的学思与法意。

楼邦彦祖籍浙江鄞县，也就是今天宁波，1912年出生于上海。如果说传统律学家多出自内陆省份如陕西、河南，有所谓陕派、豫派律学的话，近代中国的法学家更多出自沿海地区，20世纪中国最具代表性的法哲学家吴经熊，就是浙江鄞县人，楼邦彦的老师、著名的政治学家钱端升是上海人，好友王铁崖是福建福州人，地域与法学智识的转型，似乎有着某种密切的联系。1930 年楼邦彦先入上海沪江大学读书，一年后转学考入清华大学法学院政治学系。转学背后的原因，当时同为沪江同学、后来同样转入清华的龚祥瑞在回忆录《盲人奥里翁》中提供了一些线索，按照龚先生的说法，曾任清华政治学系主任的余日宣当时正在沪江大学任教，向他介绍过清华的情况，促成他转考清华，这种来自老师的影响很可能也发生在楼邦彦身上。

依据史学家何炳棣的说法，20 世纪 30 年代乃清华校史上的黄金时代，"30 年代的清华文法两院表现出空前的活力。除各系师资普遍加强外，教授研究空气较前大盛，研究成果已非《清华学报》所能容纳，于是不得不另创一个新的学术季刊《社会科学》。冯友兰的《中国哲学史》和萧公权师的《中国政治思想史》两部皇皇综合巨著更足反映文法教学研究方面清华俨然已居全国学府前列"。（《读史阅世六十年》）时任校长的梅贻琦先生有名言传世，"所谓大学者，非谓有大楼之谓也，有大师之谓也"，他与前任校长罗家伦先生皆用心延揽人才，在他们的努力之下，当时的政治学系可谓名师云集，阵容鼎盛，浦薛凤先生执掌系务，教授有王化成、沈乃正、张奚若、陈之迈、赵凤喈、燕树棠、钱端升、萧公权等人。这批学人多毕业于清华的留美预备部，后出国攻读法政，在哥伦比亚、哈佛、芝加哥、康奈尔等一流学府取得博士或硕士学位，返回母校任教，彼时正处于年富力强、才思敏捷的人生阶段，既有开阔的国际视野，又关注中国的国情。

当时清华大学的本科教育实行通识教育，在必修的 102 个学分中，国文、外语、自然科学、数学、逻辑、历史、经济等课程占据了至少76个学分，近75%之比重。关于这种教育理念，梅贻琦先生认为："大学期内，通专虽应兼顾，而重心所寄，应在通而不在专……夫社会生活大于社会事业，事业不过人生之一部分，其足以辅翼人生，推进人生，固为事实，然不能谓全部人生即寄予于事业也……通识之用，不止润身而已，亦所以自通于人也。信如此论，则通识为本，而专识为末。社会所需要者，通才为大，而专家次之。以无通才为基础之专家临民，其结果不为新民，而为扰民。此通专并重未为恰当之说也。大学四年而已，以四年之短期间，而既须有通识之准备，又须有专识之准备，而二者之间又不能有所轩轾。即在上智，亦力有未逮，况中资以下乎？并重之说所以不易行者此也。"（《大学一解》）清华历史上培养出众多中西会通、文理兼备的人才，足以证明这种"通识（一般生活之准备）为本，专识（特种事业之准备）为末"通识教育的价值。其在解放后曾遭批判摒弃，当代重新被肯定重视，有道是"萧瑟秋风今又是，换了人间"，让人不胜唏嘘感慨。

当时政治学系的专业课程，有浦薛凤的政治学概论、中国历代政制专题研究、近代政治思潮，陈之迈的近代政治制度、宪法、议会制度、独裁政治、中国政府，赵凤喈的行政法、民法通论、刑法通论，沈乃正的市政治、市行政、地方政府，王化成的国际公法、国际关系、国际公法判例、国际组织，蒋廷黻的中国近代外交史，张奚若的西洋政治思想史、西洋政治思想名著选读，燕树棠的国际私法，程树德的中国法制史，萧公权的当代西洋政治思想、中国政治思想，另有开课者不详的法学原理、行政学原理。课程的目标在于：（一）灌输学生以政治科学之基础智识，训练其思想之缜密，理解之确切，并授以研究学问之经验与方法，使能力里作高深学术之探讨；（二）养成学生应付社会环境之学识与技能，使于毕业后，或服务社会，或参加考试，皆能举措裕如。故理论与事实并重，同时对于各种考试（如留学考试、高等试验、县长考试等）之科目，亦求能互现衔接。

美丽的校园、一流的师资、先进的理念、完备的课程，弱冠之年的楼邦彦，就这么躬逢其盛地与清华结缘了。在这里他很快展现了自己的学术才华，在《新民》《清华周刊》上发表了《在经济的立场评估旧道德的价值》《智识阶级的路》《我们的政府在哪里》《对国联调查团之认识》《信教自由与意见自由》等文章。尤其值得大书特书的是他在 1934 年的两本论著，一本是其本科论文 The British Cabinet(1922—1931)（《1922—1931 年的英国内阁》），另一本是在上海世界书局出版、作为世界政治学丛书的一种，与龚祥瑞合著的《欧美员吏制度》。

前者是英文论文，由陈之迈博士指导。论文共五章，包括导论、1922—1931 年英国内阁的历史概览、两党制的没落、宪法问题、1922—1931 年英国内阁成员。从选题上，楼邦彦选择了第一次世界大战以后到 1931 年经济危机前这一貌似常规的时期，从英国内阁的视角，探讨期间重要的宪法性变化。这种从平常处着手挖掘背后隐含的不平常之处的做法，正是其博学覃思的体现。从写作风格上，楼邦彦采用如史直书的方式，通过资料与数据来分析说理，不做价值评价，体现了严谨客观的文风。从篇幅上，共 90 页，翻译成中文共 34 865 字，已经超过当今硕士论文的字数要求。从外语水平看，楼邦彦用英文写作，体现了对自己外语能力的信心，论文后所列参考书目共有专书25本、论文11篇、其他文献2种，全为英文论著。就我曾经浏览过的1931—1951年间共101篇清华政治学系本科论文的经验看，楼邦彦的论文无疑是其中的佼佼者。关于这篇论文，冯象教授的评价是："楼先生的英文写文章是没有问题的。当然，偶有小错，谈不上文采，比起钱钟书先生他们来，还是很普通的实用的英文。但论文的水准、文献梳理的功夫和问题意识，不亚于现在的硕士论文；甚至许多马马虎虎、粗制滥造的博士论文也赶不上他呢。"这番表述可资注意的有三点：首先，冯象教授是以钱钟书先生的英语水平这一最高标准为标杆进行比较的；其次，楼邦彦乃以规范的语言进行写作，而学术论文应以表述清晰为第一要务，他的论文符合这一要求；第三，这篇论文的水准已经达到较高的程度，与当今的硕士论文甚至博士论文相比，也毫不逊色。

后者是国内第一本系统介绍西方员吏制度的著作，以英法德美四国相关制度为考察对象。关于 Civil Service 一词，当时有"吏治""文官""公务员"多种译法，本书的校阅者钱端升教授认为皆有不妥，主张翻译为"员吏"。该词翻译的精准性暂且不论，钱端升教授专门为两位本科生的著作撰写序文，提出修订意见，可以反映出当年师生关系的亲密无间，师者爱才，提携指点，学生优秀，本科时期已经可以进行学术攻坚，完成专业论著。而楼邦彦之所以选择员吏这种与政务官相区分的事务官，即"具有专业技能和永久任期的职业官吏"为研究题目，一方面是从世界趋势看，20世纪的国家已经从原来18、19世纪的警察国家转变为行政国家，员吏的作用日趋重要；一方面是从中国问题看，他认为当时中国政治腐败的原因不是在没有宪法，而在吏治腐败，势必改革。因此，研究员吏制度，正是在肯定传统考试制度价值的同时，面对世界的发展趋势，试图以先进国家的他山之石，促成中国的员吏制度改革，可谓"吾以救世也"，这正是当时这批青年人法政救国情怀的折射。

可以说，1931—1934 年楼邦彦在清华的本科时光中，已经在学术上崭露头角，发出黄莺初啼，奠定"以学术为业"的基础，毕业当年他顺利考入清华的法科研究所。在研究生阶段，他同样笔耕不辍，在《清华学报》《清华周刊》《建国月刊》《时事月刊》《独立评论》上发表书评、论文与时评。A. Berriedale Keith 的 *Constitutional Law of England*（《英国宪法》）、James M. Beck 的 *Our Wonderland of Bureaucracy*（《布洛克拉西的奇境》）、W. L .Middleton 的 *The French Political System*（《法国政治制度》）等西方学者的最新著述，都是在甫一面世或者出版不久，即被他引介到中国来，体现了他对国外最新研究成果的把握。《美国联邦公务员的退休制度》《苏俄的公务员制度》是他对员吏制度研究的持续探讨。《宪法草案中国民大会之组织问题》《政制问题的讨论》反映了他对中国问题的关注，尤其是后者，乃与本科论文指导教授陈之迈先生进行商榷的文章，体现了"吾爱吾师吾更爱真理"的精神与勇气。

楼邦彦并没有完成他在清华的硕士学业。1936 年他考取了第四届中英庚款考试的行政法门，赴伦敦经济政治学院留学。这类庚款考试，全国每门往往只录取一人，每届录取总人数不过十几、二十余人，是当时竞争最激烈、难度最高的考试。依据统计，楼邦彦那年的录取率，仅为 5.24%。[①] 在龙门之试中脱颖而出，正是他实力最好的证明。

1936 年的英伦之行，在大洋彼岸等他的是大名鼎鼎的拉斯基，与之同期在伦敦的则有老同学王铁崖与龚祥瑞。如今当我们对这三者耳熟能详之余，也不应该忘记那位法律史上的失踪者楼邦彦，正所谓"何处相思明月楼"。

（原载《法治周末》2016 年 4 月 5 日，

刊登时名为《寻找法律史上的失踪者楼邦彦》）

---

① 郑刚：《中英庚款与民国时期的教育》，《教育与经济》2011 年第 3 期。

那一刻，话风为之一变

　　2016年3月17日下午，清华法学院明理楼里举办"《楼邦彦法政文集》出版暨清华法政传统"座谈会，群贤毕至。嘉宾名单中，最引人瞩目的是一批"法二代"——民国法政菁英的子女们。楼邦彦先生的三位子女来了、王铁崖先生的三位女公子来了、吴恩裕先生的公子来了、李浩培先生的女公子来了、戴克光先生的子女来了，芮沐先生的女公子来了、沈叔平先生的女公子来了、曾炳钧先生的女公子来了、端木正先生的女公子来了。他们的父辈之间，或为同学，或为同事，或为师生，他们之间，或为发小，或曾相识，或闻其名，今天因为缅怀楼邦彦先生这位法律史上失踪者的机缘，重逢与相见了。

寒暄过后，下午两点，会议正式开始。议程主要有三：致辞、追忆与研讨。致辞阶段，分别由黎宏教授代表清华法学院致辞、楼秉哲先生代表亲属致辞、许章润教授代表"汉语法学文丛"致辞，多正襟危坐，气氛庄重。

到了亲友追忆阶段，王铁崖先生的女公子发言，话风为之一变，气氛由庄重转为温馨。楼邦彦与王铁崖两位先生，渊源颇深。他们是清华法学院政治学系的本科同学，王先生是1933届，楼先生是1934届；都考入清华的法科研究所，作为钱端升先生的高足，同赴伦敦经济政治学院留学，师从拉斯基教授；归国后都曾在武汉大学、中央大学、北京大学任教，同为北大政治学系的"四大金刚"。王楼两人关系密切，两家子女自小熟悉，王亭女士称楼邦彦先生为"伯伯"（楼邦彦出生1912年，王铁崖出生1913年），称楼先生子女为"哥哥姐姐"，此番楼家子女有的专门从国外赶回来，两家人恰是多年未见后的重逢：

> 我们很小的时候就因为父亲的关系，知道楼伯伯，而且知道他非常杰出。那时候我父亲经常跟我们提到楼伯伯，而且我们会到楼伯伯家去作客。楼伯伯在我心目中是非常伟大的，不仅仅是因为我父亲给我做了这样的介绍，而且我真的有这样的一种感受，我可以感受到他非常的慈祥，而且谈吐当中充满了学者的风范。今天参加楼伯伯文集出版的庆祝会我非常高兴，其实这种喜悦的心情在我们来之前。我们三个姐妹就在底下说了，说

这个机会太难得了，而且也非常感谢白老师能够给我们这样一个机会。我在电话里一再跟白老师说，我说我太荣幸了，能够借助这个机会见到两位大哥和姗姗姐姐。因为我们真的是从小很有交情的，但是这么多年都没有见到了，通过这样的机会我们见到了，我们三位是感到非常非常高兴的。同时看到楼伯伯有这样的文集出版，我们也觉得很欣慰，在此我就代表我两个姐姐，向楼伯伯和三位哥哥姐姐表示衷心的祝贺。

话风转变，于是乎随后"法二代"们的发言，也多往这个温情里去，时空穿梭之下，我们了解到楼邦彦先生的太太做得一手好菜，了解到楼先生当年对子女和晚辈的严格用心教育，了解到王铭扬、端木正先生对老师李浩培先生执弟子礼的恭敬有加……情感脉脉笼罩之中，共忆斯人斯事，既有会心一笑，也有惆怅惘然。

对一个学者的纪念，既可爬梳旧著，从字里行间窥得其学思法意，也可访谈亲朋好友，于口述历史想象其举止风范。学术与生活，工作与日常，共同构成了一个学者丰满的形象。我想，一个学院的传统赓续与校友认同，正是通过这样的文集编纂，通过这样的座谈会谈，慢慢地建立起来的。有念于此，出版文集与筹办会务过程中的劳心与劳力，也尽可释然与欣然了。

（原载"三会学坊"微信公众号，2016年3月21日第20期）

人文与法意：清华法律图书馆琐思

清华恢复法学教育已有十余载，法学院亦已经成立近十年，光阴荏苒中，聚沙成塔间，清华的法律图书馆也慢慢地起来了。其位居明理楼东侧，共四层。入法学院，迎正面台阶拾级而上，即可见法律图书馆之入口。漫步于内，可发现有如"男女平权发明新学、婚姻进化制造国民"的牌匾，如与古代婚姻的"合二姓之好，上以事宗庙，下以继后世"对比，恰可反映时代变迁下婚姻所寓寄的社会意义的变革；有如古体"灋"字之书法，在欣赏阿郎先生中华一绝圆心连体技艺的同时，其附题的"上昭日月乾坤，下镇邪恶凶顽"亦可引发人们对中国"法"的功能之遐想；有如"法国民法典二百周年"的宣传画，让人深感其所昭示的自由、理性、人权等精神意义的隽永。在这里，你还可以邂逅清代的白契、户籍执照、归户清册的原件，窥得美国宪法、独立宣言的复制品，更能品读到张伟仁先生赠送的明清档案、田涛先生赠送的契约、古籍，以及王铁崖先生的藏书等特色馆藏。人文与法意，就是在这里悄然相会相通，只待有缘之人前来发掘。

1931 年梅贻琦先生在清华的就职演说中谈道："所谓大学者，非谓有大楼之谓也，有大师之谓也。"结合近代清华的经验，需稍加补充的是，其不仅有名教授，也有一流的图书馆。当时陈寅恪先生始一应聘，清华即汇公款两千元给他，请其代购专业书籍，而陈氏回国，亦将其多年在欧美所收藏之丰富典籍运回清华，供学生使用。① 在那个年代，校务进行计划大纲有规定：图书仪器购置费，至少当占总预算百分之二十。② 冯友兰先生亦曾提及在此影响之下，各大书商蜂拥上门，清华门庭若市的场景。③ 王铁崖先生回忆道："我作研究生毕业论文时需要参考两本外文书，一本德文的，一本法文的，当时图书馆没有这两本书，我给图书管理员说了，管理员说我们给你买，果然没多久就从德国和法国买回了这两本书。这种情况不光在当时是绝无仅有的，就是现在，国内许多大学也做不到。"④ 管见以为：既有好的制度的保证，又有慧眼诚意之人，这样的良性循环，乃铸就当时一流大学的重要基础——君心如镜，以为然否？

关于对图书馆的利用，有两篇文章让我印象深刻。一是张伟仁先生的《中国法制史书目序》，其中介绍了他所领导的团队，如何以八年光阴，在台湾各大图书馆中爬罗剔抉，整理法制史书目的经历。看着三卷本厚厚的《中国法制史书目》，常常不昧揣测，张先生法制史学的深厚功力，是否乃在这一过程中炼至纯青。一是西英昭氏的《台北における图书馆・文献检索情报》，乃其研究中为收集资料所作的功课，令人感叹的是，其不仅对

---

① 苏云峰：《从清华学堂到清华大学（1911—1929）》，三联书店 2001 年版，第 313 页。
② 参见《清华大学史料选编》第一卷，清华大学出版社 1991 年版，第 438 页。
③ 参见《三松堂自序》，人民出版社 2008 年版，第 29 页
④《明理情怀》，清华法学院 2005 年自印，第 13—14 页。

检索方法、主要图书馆及所藏资料、相关书店成竹在胸，甚至连交通路线都一一标明。工作之细致认真，可以想象。比之上述两例，阅读国内论文，感慨最深的是多缺乏对先前研究的介绍，往往是"横空出世"，但这样的文章，又如何避免重复建设的窠臼与剽窃抄袭之嫌疑呢？今天我们常常谈及创新，自然立意甚高，但最重要的或许还是从看起来枯燥和琐碎的基础工作做起——不积跬步，何以千里？

在谷歌的时代，图书馆进入数字化的时期，我们在越来越便捷地获得资讯的同时，去图书馆也常常地抱着直接的目的，多是在了解相关的图书信息后直奔主题，与以往相比，少了一份随意馆中漫步之闲情和"读书不求甚解"的惬意，打一个不恰当的比方，是否有点像《天龙八部》里在少林寺藏经阁内观书的萧远山和慕容博，另外，专业上实用性的强调及其日趋地细化，是否也使我们如萧、慕容二人，偏择于一隅而无视无名老僧的良苦用心，忽视了法律以外对人生修养更有意义的文史哲知识呢？长此以往，是否将更多地造就"操两可之说，设无穷之辞"的讼师——法律教育，可不慎乎？

如何积极地利用图书馆，如何不功利地对待图书馆，是一个问题。

按：本文乃应廖莹老师邀请，在 2007 级本科生"图书馆交流会"上点评中萌发的思想碎片。

（原载《法律文献信息与研究》，2009 年第 3 期）

时代的忧伤
——瞿同祖的回国记

1965 年是瞿同祖先生学术生涯的转折点，这一年，他由加拿大回到祖国，随后，"文革"开始，当时正是学术壮年的瞿氏基本处于赋闲状态，这位有着《中国法律与中国社会》《清代地方政府》等传世之作的学者，从此远离学术一线，偶有翻译若干，惟是"斯人独憔悴"了。晚年尽管有《清律的继承与变化》这一开创清代"例学"研究先河的论文，但回国时"再写一本好书"的发愿终是无法实现。1998 年八十八岁米寿之际，中国政法大学出版社刊行其论著集，老先生在自序中还自谦地说："读者从我的著作及演讲稿目录里可以看出，八十年代以后，我便无专著问世了，仅有少量的论文及为参加国际学术活动而作的讲稿。有些学者比我年纪还大，仍勤于写作。我自愧不如，这就只能归咎于疏懒了。古人说，'少小不努力，老大徒伤悲。'我则是老大不努力，无所建树。言念及此，感慨不已。"但光阴荏苒，约十年后再接受采访，或许是访谈者格外贴心，或许是人瑞已感生命之限，老先生道出大实话："过去说回国后没能写出书，是自己的疏懒，那是谦虚，实际上，各方面的条件都不允许。"此番学术上"有心无力"之总结，端的让人不胜唏嘘，不禁俯偻。

那么，为何回国？2004 年瞿先生开口谈及："有时候人提问很不合理，像'文革'时你为什么回国来这样的问题，就无法回答。国内发生'文化大革命'，我怎么知道呢？连刘少奇都不知道要发生'文化大革命'，我怎么知道呢？而且我不了解国内情况，我回国，事先没有跟国内联系过，因为我一个中国人，回国来还要联系吗？！"想来这番略带火气的话，老人深藏在胸中多时，郁结于心头多年，终于一抒胸臆，不吐不快。的确，当时政治局势之风云诡谲、复杂多变，时代中人是难以预测与把握的，但需一分为二，抛开 1965 这个"革命前夜"的特殊年份不论，那一代海外学人的心态与情结，仍有值得探讨之处。

首先是家。负笈海外，背井离乡，对于"父母在，不远游，游必有方"的传统国人而言，这种心理的惆怅，兼以"子欲养而亲不待"的负疚，结合成一股特殊的乡愁。黄仁宇在《母亲》一文中，便记述了这样一段往事："1965 年我与哈佛的杨联陞教授、普林斯顿的刘子健教授同在芝加哥大学的何炳棣教授家中晚餐。饭后何唱《霸王别姬》，刘唱《四郎探母》，都是慷慨悲歌。杨即席说：'我们为中国的母亲同声一哭。'不待解释，我们知道他所说意义。这样看来我们这一代在母亲面前感到罪愆的绝不限于我们兄弟，而是成万上千了。"对于瞿同祖而言，早在 1949 年时，夫人赵曾玖已经携子女回国，与黄仁宇、杨联陞、何炳棣等妻儿在畔的人相比，更有一种归家的迫切感。杨联陞的公子杨道申先生所辑"瞿同祖与杨联陞的交往记录"（取自杨联陞日记）中，便有两条此类情绪的记载："1960 年 4 月 22 日 瞿近来心情不定，有八成想……"，"1961 同祖未归……

心情不定……想回国"。

其次为国。在积贫积弱之时代，建立一个强大的民族国家乃国人念兹在兹的使命，在目睹当时国民党政府的腐败之余，建设新中国对当时的海外学人无疑有巨大的吸引力。何炳棣就提到 1949 年给他带来的精神号召，一度试图回国。其同学罗应荣、丁则良等，即是在此种背景下甚至放弃唾手可得的学位、匆匆回国的。瞿同祖由美国辗转加拿大任教，原因之一就是加拿大较为中立，便于回国。君不见，钱学森当年因欲回国，在美国身陷囹圄乎？当然，因为众所周知的原因，时代给这批归国的热血男儿开了无法承受的玩笑，其轻者靠边站、学术戛然中止，其重者遭构陷污名、生命凋零枯萎。此批海外菁英们"多情却被无情恼"之不幸，感慨命运之手拨弄乎？

再有是业。许倬云先生在回忆录中便特别提到："瞿同祖先生……是清光绪军机大臣瞿鸿禨的嫡孙，学问渊博，是一个了不起的学者。他在美国，由于受不了学术界种族歧视，在文化大革命前夕回到中国，从此以后没有著作的机会，实在非常可惜。"出生于 1930 年，学术代际小其一辈的许倬云坦言："我到美国教书时，正是美国汉学界上升的时候，我这个世代，正是壮年的时候，比我们老一辈的学者运气要好，上一代受到相当大的歧视，到我们这一代就没碰到种族歧视了。"纵观瞿先生在海外教研履历，从哥伦比亚到哈佛，无一不是客卿的身份而非正式的教职，何炳棣在回忆录中就不无深意地指出当时的工作情形："（哥伦比亚大学东亚图书馆的）书库及下一层较大的房间都被魏特夫（Karl A. Wittfogel）所主持的'中国历史研究室'所占用……当时这研究室人才济济。冯家升燕京老学长因与魏合写的《中国社会史：辽代》业经出版，已经回到北京；瞿同祖和王毓铨两位杰出学长负责两汉；房兆楹、杜联喆夫妇在国会图书馆完成《清代名人传记》的编纂之后立即加入魏氏的研究室，负责清代。所有搜译的各朝代资料原则上仅供魏氏一人之用，这是使我非常惊异不平的。"此外，即便已经获得正教授终身教职的黄仁宇，因所谓"人事缩编"被纽约州纽普兹州立大学解聘；杨联陞教授的抑郁症，也与所受的排挤压抑不无关系。凡上种种不公平之待见，瞿氏的回国，不妨借用胡适先生的话，乃"不愿在洋人手下讨饭吃，更不愿跟洋人抢饭吃"。

瞿同祖先生的回国记，是一个时代海外菁英们履历的缩影，他们以加倍的努力，忍受各种歧视，为华人在国际学术圈中赢得荣誉，他们思慕家人，祈盼故土，雄心万丈而来却遭遇冷落不幸，这是时代的忧伤，也是国族的创痛。时至今日，这批出生于祖国大陆，负笈于海外，从学术脉络上，融合了中西学统菁华，从生命历程上，目睹了抗战、建国等历史大事件的特殊人才，正在慢慢退出历史舞台。但"老兵不死"，历史，更不应遗忘！

（原载澎湃新闻·私家历史 2014 年 9 月 1 日）

理性叙论，构建常识
——《东京审判征战记：中国检察官向哲濬团队》评介

《东京审判征战记：中国检察官向哲濬团队》（上海交通大学出版社，2019 年）一书的作者向隆万教授是当年东京审判中国检察官向哲濬先生的哲嗣，按照中国传统"父子至亲，分形同气"的观念，由儿子来叙述父亲往事，本书自有其特殊的文化意义。依据作者介绍，其幼年时印象中只记得父亲为东京审判忙碌，成年后父亲已老，亦很少谈及此事，实际上是在 2004 年随同中央电视台编导拍摄纪录片《丧钟为谁而鸣》和 2006 年参加故事片《东京审判》的首映式时，痛感对东京审判的无知后才投入该研究中去（《作者的话》）。从这个角度讲，本书可谓一部发愿之作。

向哲濬先生 1917 年毕业于清华学校，笔者因为清华法学历史研究的机缘有幸认识向隆万教授，蒙其抬爱邀约，曾参加了 2011 年 5 月 3 日在上海交通大学举办的东京审判研究中心成立仪式，亦为 2013 年 11 月 12 日的东京审判国际学术讨论会撰写论文《东京审判量刑问题再审视——以"死刑投票 6 比 5"为中心》（因与清华授课冲突无法参加，由王选女士代为宣读）。在这种以文会友结缘过程中，感受到向隆万教授运筹谋略有方，做事全力以赴的名士风范，目睹了其担任名誉主任的东京审判研究中心团队先后编辑 83 卷《远东国际军事法庭庭审记录》、73 卷《国际检察局讯问记录》等重要历史资料，出版相关研究丛书与译作，日就月将，中国学界关于东京审判的研究逐渐蔚然有观。

《东京审判征战记：中国检察官向哲濬团队》一书正是建立在代际传承因缘与学术厚实积累的基础之上。笔者觉得其特质有两点：

首先，这是一本优秀的法律史著作。本书从东京审判时中国检察团的视角出发，充分地利用这些年从世界各地发掘整理的一手档案资料，再现了当年远东国际军事法庭波澜壮阔的历史场景。这些资料不少是作者发现并先行使用的，例如向哲濬先生在远东国际军事法庭十次讲话的英文稿，就是向隆万教授 2007 在美国国会图书馆等处复印并翻译成中文，收入在 2010 年出版的《东京审判·中国检察官向哲濬》一书中。作者熟稔资料，言必有据，孤证不立，直面历史，不予避讳（例如对庭审中溥仪作伪证问题），史实与理性是构筑本书的两大基石。

其次，这是一本历史通识教育的重要著作。钱穆先生在其名著《国史大纲》的序言中曾谈道，"当信任何一国之国民，尤其是自称知识在水平线以上之国民，对其本国已往历史，应该略有所知"，对于 1946—1948 年远东国际军事法庭这场世纪审判，过去曾因为意识形态等因素而被忽视，近些年来即便重被拾起，往往多诉诸民族情绪，相关影视作品更添附了一些不符合史实的戏剧化情节，这些方面实际上有碍国人对于历史的客观认识。在这一背景之下，如何恢复历史常识就成了当下重要的课题。本书的写作风格，恰符合萧公权先生的治学标准"以学心读，以平心取，以公心述"，通过平实的语言、丰富的图片、严谨的引证、细致的索引，展示了东京审判中国优秀法律人以理性严谨和专业素养为征表的法律爱国主义精神。

在本书中，笔者除了向哲濬检察官、梅汝璈法官两位清华校友，还发现了一些东京审判相关的清华法政人的身影。例如清华学校 1920 年毕业的刘世芳先生，其于 1924 年获得耶鲁大学的法学学士（LL.B.），回国后执业律师，兼任东吴大学教授。1936 年 11 月上海发生沈钧儒、章乃器等救国会"七君子"案，刘世芳是王造时的辩护律师。东京审判时，刘世芳曾推荐其东吴大学的学生高文彬担任中国检察团的英文翻译。例如清华学校 1920 年毕业的杨光泩先生，其于 1924 获得普林斯顿大学国际公法的博士（Ph.D.），1942 年在中华民国驻菲律宾总领事任上被日军杀害于马尼拉，东京审判中其被害的文件曾作为指控日军暴行的证据。另外，梅汝璈法官的秘书罗集谊先生，曾是清华学校肄业生。向哲濬检察官的秘书刘子健先生，曾就读于清华大学，日寇入侵后转入燕京大学政治系学习。刘先生后来成为普林斯顿大学教授，是享誉世界的宋史专家。需要指出，这些法政菁英，既有清华渊源，亦属于中国和世界，他们的法治遗产，可待继续发掘与继承发扬。

（原载澎湃新闻 2019 年 4 月 25 日）

新百年的起点 ①

尊敬的各位同事，亲爱的各位同学：

很荣幸作为教师代表发言。我演讲的题目是"新百年的起点"。

2011 年是一个不平凡的年份，它勾连着三个重要的百年。

作为清华人，我们刚刚送走了百年校庆。一百年前，清华大学的前身——清华学堂奠基，从而揭开了它与国家、民族的世纪不解之缘。

作为法律人，我们刚刚纪念完百年刑法。一百年前，中国的第一部近代刑法《钦定大清刑律》颁布，首次彰显了"法无明文规定不为罪"的罪刑法定精神，借用曾执教于西南联大法商学院的蔡枢衡先生的话讲，"过去的法定主义，都是对官吏强调君权，这次的罪刑法定主义，却是破天荒第一次对君和官强调民权"。

作为中国人，我们即将迎来辛亥革命百年。一百年前，武昌起义的一声炮响，宣告了从帝制向共和的跨越，民主宪政的

---

① 本文是作者作为教师代表在清华大学法学院 2011—2012 学年度新生开学典礼上的发言。

观念从此深入人心。

陈寅恪先生在冯友兰先生的《中国哲学史》下册审查报告中曾特别提到："佛教经典言'佛为一大事因缘出现于世'。"如果"接着说"的话，水木清华、人权法治、民主宪政，同样是国史上的大事因缘。我更想说，教育、法律与政治在一百年前这份风云际会之机缘，更寄寓着清华人，尤其是清华法政人对于法治、人权、民主、宪政应有的时代责任与担当。

追忆往昔，我们可以看到张福运对收回中国海关独立主权之贡献，可以看到梅汝璈、向哲濬在东京审判中力惩战犯之功勋，可以看到燕树棠杏坛耕耘之劳绩，可以看到萧公权荟萃中西文明之业绩，可以看到张奚若批评毛泽东"好大喜功、急功近利、鄙视既往、迷信将来"之直言不讳，可以看到端木正对王铁崖们的追忆："抗战八年我是在读大学和研究生中度过的，目睹我的老师们怎样艰苦卓绝教育我们这一代人。日寇空袭、颠沛流离、法币贬值，资料不足、住房狭小、电灯昏暗 (有时无电则一灯如豆在油灯或烛光下开夜车)……但他们为了延续民族的文化，为了民族的未来，甘之如饴，保证质量地讲课，还不断出科研成果。"是的，在那片法意与学思中，承载着清华法政"服膺民主、恪守法治、自强不息、厚德载物、精神独立、思想自由、会通中西"的传统。

当然，我们也有遗憾，因为历史的原因，我们是长时间没有法律系的法学院；因为历史的原因，我们是更长时间没有法学院的高等学府。但正如 2011 年 7 月 21 日姚明在宣布退役时所讲，"一扇门关上，另一扇门则徐徐打开"。我们要看到，在没有法律学系的年代中，清华法政人乃以一种更开阔的视野来关心着、考虑着、解决着国家最重要的问题。我们更要看到，在法学院缺席的特殊年代里，清华以一种独特的方式培养了大批新中国党政领导人物，深刻影响着当代中国的民主法治建设，创造、实践着"又红又专、德才兼备、追求完美"的清华政法新传统。

朱熹讲："旧学商量加邃密，新知培养转深沉"，今天，如何融合两种传统，是一个问题。

今天，从清末"三千年未有之大变局"起，在全球化时代已经悄然而至之际，国族的"历史三峡"尚未渡完，如果说前辈们面临的主要是民族与国家问题，今天更面临着世界的问题。中国的这艘大船，如何驶过惊涛骇浪，进入唐德刚先生所谓"海阔天空的太平之洋"？我想说，保驾护航者，舍法律其谁？中流砥柱者，舍清华法律人其谁？

回顾三个百年，融合两种传统，站在一个新的起点。新百年，仅仅是一个无甚意义的数字，还是清华法律新时刻的开始，取决于你和我，取决于我们。路就在脚下，亲爱的同学们，准备好了吗？

谢谢大家。

2011 年 9 月 6 日晚

因为中国法制史

——致选修中国法制史的同学

因为中国法制史，

我们相遇在明理 321，

我在这头，诸君在那头。

我们探讨历史的"古今之间一线牵"，

我们领悟近代法的"器物、制度、文化"三重性，

我们尝试学术的"旧学商量加邃密，新知培养转深沉"，

我们体会时代的"中国之中国，亚洲之中国，世界之中国"。

我力求授人以鱼，希望授人以渔，更期待授人与愉。

诸君回我，以青春的学习热情，无穷的思辨能力，还有各

种的奇思妙想。

所以我想，

法史学是顶有意思的课程，

法学是世界上最好的专业。

他日我们定会重逢，

因为明理，因为法学，因为中国法制史。

我在这头，诸君在那头，

重逢是那尽在不言中的微笑。

岁末试笔，2017 年 12 月 27 日于明理楼温格居，中法史课毕。

（原载"法学学术前沿"微信公众号，2017 年 12 月 28 日）

你好，明理

我们在晨曦微露之时来到你的怀抱，
等候第一缕阳光穿透那法国梧桐。
我们在鹊鸦归巢的盘旋中与你告别，
它们仿佛宣示自己是夜的守护神。
早安明理，
晚安明理。

我们爱你巍峨耸立的石柱，
我们爱你默默驻守的小鹰。
我们于此神交沈家本、萨维尼和贝卡利亚，
我们于此邂逅德沃金、王泽鉴和张伟仁。
我们习法。
我们明理。

这里有世界五大法系，
这里存天理国法人情，
这里贯穿古今与中西，
这里连接通识与专识。

这里即清华法学，
这里是中国明理。

从 1999 到 2018，
我们即将离别，
我们未曾别离，
离别是最长情的牵挂。
我们想轻轻地说一声：
你好，明理。

2018 年 1 月 1 日于明理楼温格居

（原载"法学学术前沿"微信公众号，2018 年 1 月 2 日）

写给小悦悦
——以一个父亲的名义

2014 年的 10 月将要过去，佛山的气温也略略降下来，南海观音寺的香火依然鼎盛，天空高远苍茫。

当地人说观音寺要连拜三年，距离 2011 年的惨剧已经三年，今以诗为祭。

若有来世，愿你平安康乐，好好长大。

写给小悦悦
——以一个父亲的名义

在这个秋的雨夜，
我再次想起了你，
你和我素昧平生，未曾谋面，
我想你，以一个父亲的名义。

你两岁了，
懵懵懂懂，
牙牙学语，

古灵精怪，
正值最可爱的时节。

那天，可能也是一个雨天，
也许不是，但很冰很冷。
我听到那撞击的闷响，
我感到那彻骨的痛，
还有碾压，一下，又一下，再一下。
我看到往来的人，
他们看你，如同流浪猫狗，
只有冷漠，或仅是惶恐。
是的孩子，我感同身受。

我看到了血，
我难以呼吸，
我感到黑暗，
无穷无尽的黑暗。
也许，黑暗的尽头有光。

孩子，你走了，
你本可不必走，
你可能来我的校园，
在这个最美的季节，
看黄的叶，绿的草，看北国秋的分明。
但你不能来了。

孩子，今天的雨，

是不是你的眼泪，

提醒我们当时的寒冷。

那风中的落叶，

是不是你孱弱的生命，

单薄无助、任人践踏。

而我，只有愧疚，无能为力。

孩子，我只能思你念你，

在这个秋的雨夜，以一个卑微父亲的名义。

2011 年 10 月 23 日深夜于寓所，

再改于 2011 年 10 月 24 日晚

背景简介：2011 年 10 月 13 日下午 5 时 30 分，一出惨剧发生在佛山南海黄岐广佛五金城：年仅两岁的女童小悦悦走在巷子里，被一辆面包车两次碾压，几分钟后又被一小货柜车碾过。让人难以理解的是，事件发生的前几分钟内，在女童身边经过的十八个路人，都选择离开。最后，一位拾荒的阿姨陈贤妹把小悦悦抱到路边并找到她的妈妈。小悦悦在广州军区陆军总医院重症监护室，脑干反射消失，已接近脑死亡。2011 年 10 月 21 日，小悦悦经医院全力抢救无效，在 0 时 32 分离世。

（原载 2014 年 11 月 5 日《清华大学清新时报》"新宇说"专栏，刊登时名为《三年的祭奠——写给小悦悦，以一个父亲的名义》）

第四编　闲情偶寄

UBC 法学院的狗狗们

　　本学期思慕何炳棣和瞿同祖先生，追寻先贤足迹，申请到 UBC（英属哥伦比亚大学）访学（两位先生皆曾在亚洲研究中心任教）。原本以为访问学者自由闲暇，可以放松一下，谁知道白日听课研究写作，晚间处理国内事务，反倒成了两头忙。某日遇到法学院国际交流办公室的 Leslie，她啧啧感叹，"你是我见过最勤奋的访问学者，天天在学院见到你"，末了又善意提醒，"注意休息，悠着点哦"。

　　日子匆匆复匆匆，转眼到了期末。课程将尽，考试即至，法学院中莘莘学子的身影更为忙碌。古巴友人，正在攻读 LLM 的 Eduardo 胡子开始进入不修状态，英俊小生顿时转为中年大叔，一脸沧桑，与温哥华十一月起的阴冷雨季对照，倒是颇有

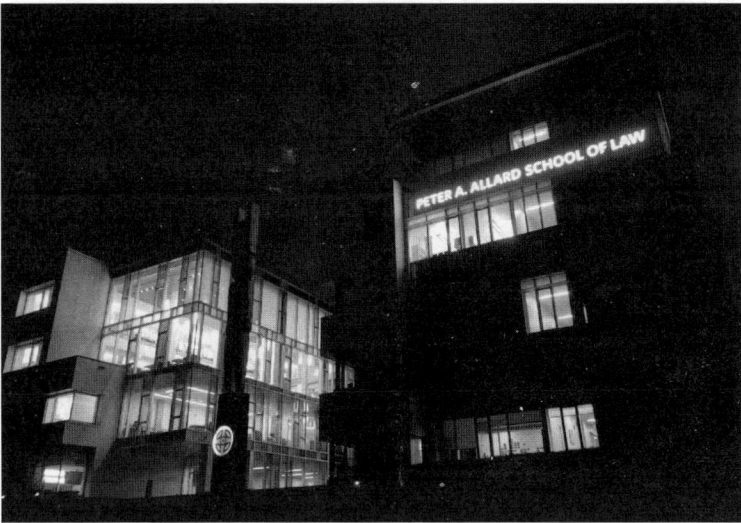

天人合一的应景之感。

　　某日突然学院广告牌贴出一个活动，名为"我们爱法科学子"（WE LOVE LAW STUDENTS），定睛一看，所谓"我们"，主角是一群狗狗，让人忍俊不禁。

　　从 11 月 26 日到 30 日这一周内，法学院的教工将带着各自的温顺萌宠到学院，学生们届时可以去与狗玩。这种活动目的何在？思

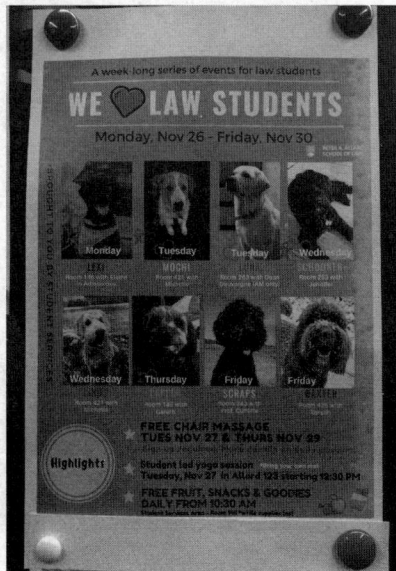

考之下，感觉可能是课业繁重、天气阴郁，通过这种活动来纾缓学生们压力，减轻焦虑。问询一番，果然如此，而且好像还是法学院独有的传统。

　　说来正好，法学院同事 Michelle 的办公室在我研究室边上，近水楼台先得月，周二一早，她带来的狗狗 Mochi 便和我不期而遇。先上 Mochi 靓照。

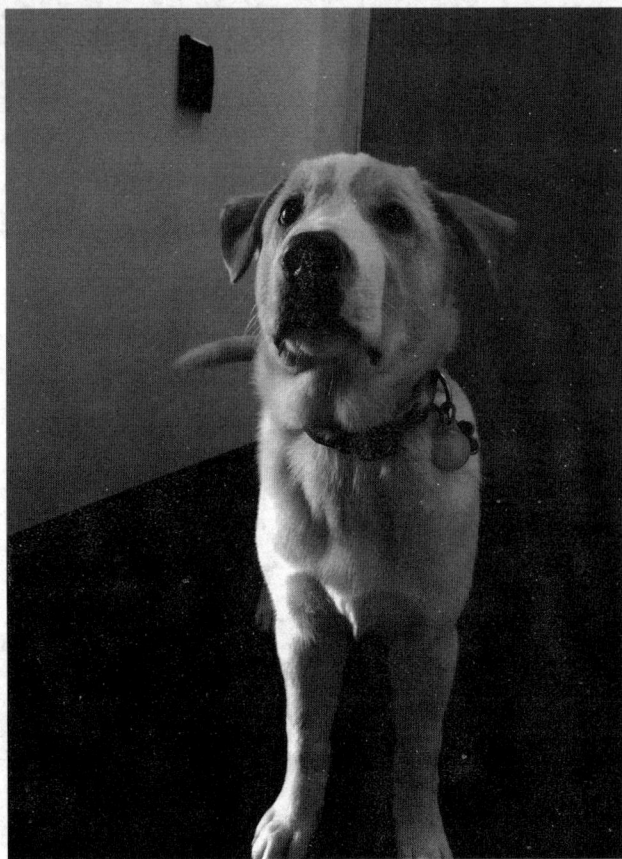

　　Mochi 一词出自日语もち，是一种糯米做的年糕，想来主人是个吃货。Mochi 是被收养的，此前我见过其小奶狗模样（海报上正是其小时照片），现在 5 个月大，转眼已经是亭亭玉立。小家伙是阿布拉多犬与其他犬类的结晶，作为导盲犬类后代的她性格温和，善解人意，主动光临寒舍，表示对访问学者的关心。

　　一日之中，拜访 Mochi 的人络绎不绝，有意思的是，访客中既有学生，也有教工，看来这项活动颇受欢迎。师生们席地而坐，摸摸狗狗，随意聊天，颇为温馨。

　　你方唱罢我登场，接下来各种狗狗，或大或小，粉墨上台，各种憨态可掬。

　　大狗 Linus:

　　小狗 Pepper：

　　周三晚间吃完饭回到研究室，在楼下大厅碰到 Harris 教授，他是法学院最受欢迎的老师之一。此君为人热忱，上诉律师出身，声若洪钟，做事风风火火。只见他雨天遛狗，牵绳携狗大踏步而入，其身材魁梧，与宠物娇小形成鲜明对比。寒暄之下，他告诉我，要训练小狗爱法学院的学生。于是先指挥小狗向我示好，然后巡游各周，向一众正在用功的学生一一招呼，同学们也是大乐。此情此景，佳话一段，Harris 受学生喜爱不是没有理由的。

　　一般而言，狗比较爱与人接近，猫则比较孤傲，独来独往。有意思的是，此前某日在法学院门口遇见一只猫，脖子上系有铭牌，显然是有主人。招呼之下，此君颇有灵性，竟然主动上前，互动一番，甚是有趣，附带记下。

友人相询："我们爱法科学子"活动有效果吗？答曰：可能还真有点用。这不，连日工作，马不停蹄，《中国法律评论》的约稿总算在期限前赶完了。

法律冰冷而机械，法条浸淫之下，法律人的心灵不免荒芜，需要有灵性之物加以慰藉，这可能是狗狗进法学院的启示吧。

2018 年 11 月 29 日傍晚于 UBC 法学院

（原载 2018 年 11 月 30 日"法学学术前沿"微信公众号，刊登时名为《萌宠来袭：UBC 法学院的狗狗们》）

那一段史思的风情
——东洋法制史研讨会观感

2007 年 8 月 21—23 日，笔者在日本学习期间，蒙松田惠美子先生引介，参加了日本的东洋法制史研讨会。在日本，全国性的法制史总会成立于 1949 年，由日本法制史、西洋法制史、东洋法制史和罗马法的学者组成。除此之外，各专业的学者会根据自己的学术旨趣组成小规模的学术共同体，东洋法制史学会就是这样的一种形式。所谓东洋法制史，指日本之外的亚洲法史之意，但从东洋法制史学会成员的学术专攻来看，几可说是中国法制史的代名词。除了有内部交流的刊物《东洋法制史研究通信》之外，其成员每年会召开一次研讨会，2007 年已经是第 26 回。这几年的地点是在箱根的日本大学法学部的寮（即宿舍）。

21 日一早，我们就坐上了名古屋开往东京方向的新干线。依据组织者的路线图，我们在小田原下车，换乘电车、缆车、巴士等交通工具，前往目的地。箱根是日本著名的旅游景点，一路青山环绕，层峦叠嶂之间，凉风送爽，夏之暑气，为之消弭。其间见闻，尤以大涌谷的温泉鸡蛋，让人难忘。下午五点时分，大家陆续到达会场。新朋旧友，彼此寒暄。

东洋法制史学会采取轮值的方式，每年由两名会员担任干事，负责具体的筹办、服务事宜。本年度的干事是陶安与高远拓儿。陶安氏乃德国人，本是法社会学出身，后由"义理"而转"考据"，入法制史领域，其汉语娴熟，此前曾到北大学习先秦文字，与笔者乃是旧交；高远氏是历史学出身，于清代秋审，颇有心得。两位干事已在各个房间上贴上姓名，大家按图索骥入住。房间是日本传统的和室，夜间于榻榻米（即草垫）上铺上被褥，即可入寝。其中最大一间（住八人），兼作会场。我与川村康（专攻宋代法制史）、中村正人（专攻清代法制史）、高见泽磨（专攻现代法制史）、邱立波（东京大学博士后人员）五位共居一室，至此，始明白会议通知上的"合宿"所指谓何。

当晚恳亲会的主题是介绍自己这一年的情况。本年度参会人数二十五人，据悉是这几年最多的一次。席间既有如奥村郁三先生（专攻唐代法制史）这样的前辈，有如寺田浩明（专攻清代法制史）这样的中年骨干，有如西英昭（专攻近代法制史）这样的青年才俊，恰是三代学人，荟萃一堂。另外，还有来自韩国庆北大学的任大熙，北京大学的董珊等人，使得这样小规模的研讨会，也颇有"国际"的味道。依次介绍后，大家三五成群，随意浅酌，再做深入交流。

一夜无语。第二天上午九时，会议正式开始。本年报告者共有四位，分别是赤城美惠子的《清代服制命案的处理：殴大功以下尊长律、殴期亲尊长律、殴祖父母父母律》、喜多三佳的《清代监狱中囚犯的衣服与粮食》、松原健太郎的《清末广东省的地税诸制度和土地保有：通过宗族团体分析社会构成及其关系》、董珊的《珚生四器的法律史分析》。与法制史总会一年一度的年会上大家西装革履相比，东洋法制史的研讨会上着装要随意许多，但其间的认真严谨则一如既往。据说，喜多先生不仅昨晚从恳亲会上"早退"，而且一大早就起来，皆为今天的报告做准备。

每位报告者的材料分为两个部分：一为报告的提纲概要，一为报告中涉及的资料展示。两者相比，前者简略，由报告者在论述中加以具体化，后者则相当详细，或整理汇编，或原文影印。笔者认为，法史学兼具的史学特征，在于其理论之阐发，需根源于具体、扎实的资料，所谓"上穷碧落下黄泉，动手动脚找东西"（傅斯年），"一分证据说一分话，九分证据不说十分话"（胡适），恰可说明史料的重要性及由史到论之间所应持的审慎态度，也是其与更强调思辨与抽象理论建构的法哲学之区别所在。东洋法制史学会或者说日本的法制史学界这样的一种报告方式，使得听者更有利把握、检验演讲者解读史料的准确性和史—论之间的关联性，而一位学者在论文上用力之深浅，通过其资料，亦可略见一斑。另外，一天的时间（上下午），安排四位报告者，每人可得一个半小时到两个小时之时间，也有利于演讲者更系统地论述和与听者展开充分的讨论。笔者虽然日文修养尚浅，更多的时间，只能略懂一二，但仍能感受到其间紧张而又充实的气氛。

晚上的会议主要是研究会事务的商谈，包括新成员的接纳，研究会职能部门（如财务、编集、外事）的报告与第二年合宿的安排等事宜，让人感叹麻雀虽小，五脏俱全。研究会的成员分为会员与会友两类，据悉，会员一般是曾做过报告者，主要由日本学者构成，也有少数来自其他国家和地区的学者。另外，经会员推荐，研究会认可，可成为会友。如这次我与张丹、李英美（两位是东京大学的博士生）、邱立波，就是以此种方式成为会友。从名单上来看，国内的学者如张中秋、艾永明、姚荣涛、张建国、吴海航等，也具有这种资格。这样的方式，使得学术共同体在独立性与开放性之间保持一定的张力，颇有借鉴之处。议决完毕，大家在小酌中，结束一天的议程。

第二天一早，大家用过早膳，交纳完会议费用，在互道珍重、相约来年再见中登上各自的归途。看着年过七旬的奥村先生独自离去的身影，想到滋贺秀三、中村茂夫先生因身体缘故无法到会，亲笔所写的告假信，笔者不免有如下的感慨：学术自可关怀社会，但其本身，却需坚守某种"虚学"的立场。学术传统与共同体的形成，需要典范的以身作则，需要代际的传递，需要制度的建构，而贯穿维系其间的，是一种精神，叫做认真。

（原载《法制日报》2008 年 8 月 10 日第 6 版）

《近代中国法制与法学》评介

北京大学李贵连先生的论文集《近代中国法制与法学》于2002年11月在北京大学出版社出版。该书收入了李先生从1981年走上学术之路起至今所发表的论文。全书约50万字，以中国法律近代化和中国近代法学为中心，分法制、法学、沈家本专题、近代人物专题、考论、演讲六卷。该书的出版，时值中国法律现代化一百周年之际，我们感叹机缘巧合之余，岂可不抚卷而长思乎。

作为一个中国近代法律史的资深学者，李先生是以清季法律改革的枢纽人物、中国法律近代化之父——沈家本先生——为研究的着眼点，进而扩展至近代法制法学领域。在本书出版之前，已有《沈家本年谱初编》（北京大学出版社1989年版）、《沈家本与中国法律现代化》（光明日报出版社1989年版）、《沈家本年谱长编》（成文出版社1991年版）、《沈家本传》（法律出版社2000年版）等佳作问世。正是在寄簃学① 扎实研究的基础

---

① 对沈家本先生的研究称"沈学"或"寄簃学"为黄静嘉先生所倡。见黄静嘉：《沈家本传序》，载李贵连：《沈家本传》，法律出版社2000年版。黄、李两位先生从1990年起以信函论学订交，结下深厚的学术友谊，堪称海峡两岸法学界的一段佳话。

上，李先生得以把握中国法律近代化过程中诸多关键问题，并时有独到见解见誉于学界。本书即是其学术脉络的详细梳理，所以，阅读此书，不仅能窥见当年中国法律改革的艰难险阻，洞察中西法律文化之间的冲突整合，亦能于字里行间，体会到一位法律史学者爬罗剔抉、孜孜不倦的心路历程。

一

如果说在今天看来，沈家本在法学史上的地位已无庸置疑，礼法之争、法律近代化亦是法律人耳熟能详的术语。那么光阴回溯，《清末修订法律中的礼法之争》(1982)、[1]《中国法律近代化简论》(1991)（卷一：法制）等文在学术史上的开拓意义，潜移默化的作用尤显突出。

在《中国法律近代化简论》一文中，李先生敏锐地意识到了传统法在清末时期面临的种种困境：（一）鸦片战争后，领事裁判权的丧失破坏了清廷司法权的完整性，从而给社会秩序和帝国的统治带来严重危机。（二）太平天国运动对旧有法制的否定，而清廷为了镇压太平军，给予地方"就地正法"的权力，改变了旧有的死刑复核制度，地方司法权的滋彰不但削弱了中央集权，而且造成死刑的泛滥。（三）传统的律多成具文，而"一事一例"的立法则不可避免地造成法律的繁杂琐碎，为幕友胥吏操纵司法、高下其手提供了条件。因此，内外交困之下，传统法已经与社会现实脱节，不得不进行脱胎换骨的变革。如

---

[1] 小括号内指文章发表时间，下同。

上分析和结论的提出，不仅为中国法律的近代化的原因提供了颇具说服力的解释，也在一定程度上纠正了以往学界多强调20世纪初期清廷制定的新法与社会现实脱节，忽略甚至不谈传统法与社会现实脱节的偏颇。

在第二部分"西法的输入和改革的尝试"中，李先生讨论了当时法律的翻译、出国公使们对西方法制的感受和维新志士们对旧法制改造和变革这三个问题。我们发现，李先生已经注意到法律翻译在传播西方法中所扮演的重要角色，尤其是有关国际法和民法的翻译的情况，这为他以后在此领域的深入研究乃至诸多创见的提出打下坚实基础。虽然与翻译相比，出国公使们的感受是直观和感性的，但在阅读了大量的公使日记后，李先生指出：他们堪称是近代中国第一批中外法律的比较研究者（尽管是简单肤浅的比较），其考察西法法制，得出西方各国"无不法良意美，绰有三代以前遗风"的结论，为维新派的变法改制提供了第一手材料。在李先生看来，翻译、公使们的活动与维新运动之间有着密切的联系，正是由于前两者所提供的智识资源，才有后者对旧法的批判和法律改革上的具体主张。他从法学史的角度对维新志士们给予了很高的评价，认为他们的奋争，为以后中国法律的改革开辟了道路，也为近代中国的法律、法学的诞生唱了开场戏。

在本文的第三部分"20世纪初年的法律改革"中，李先生笔端所指，囊括历史人物，法律翻译，改革旧律，制定新法，法学教育，法政杂志等多项内容，使我们能在较短的篇幅里一览当年法律改革的风华，或叙或议间，贤人志士的风采，中西法律文化的碰撞，跃然纸上，虽然往往点到即止，但史料选择之到位、驾驭之娴熟，尤见功力。

二

如果说《中国法律近代化简论》一文是一种宏观框架的建构的话，《晚清的法典翻译——〈法国民法典〉三个中文译本的比较研究》（1993）（卷一：法制）则代表了作者从宏观到微观的超越。清末时期法律及相关书籍的翻译作为李先生"法律近代化"一个重要的考察对象，至此已成为一个通过译文来考察"新旧法律观念转换"的问题。在该文中，李先生选择了处于三个时间段的《法国民法典》的中译本作为比较的对象：一个是迄今为止所发现的《法国民法典》的最早汉译本，1880年同文馆聚珍版刊行，法国人毕利干口译，宛平时雨化笔述的《法国律例》中的《民律》，一个是1909年修订法律馆铅字印刷，陈箓所译的《法兰西民法正文》，另一个是1979年商务印书馆出版，李浩培、吴传颐、孙鸣岗三位先生合译的《法国民法典》。通过对具体条文的比较，李先生发现：维新之前的同文馆译本不但文字晦涩，而且译意不明，甚至与译本同时代的人也很难理解律文的含义，梁启超就曾对当时法律书籍的翻译有"义多闇昧"之感。与同文馆译本相比，法律馆译本则有了根本性的进步，佶屈聱牙的文字不见，代之以法言法语，有一般政治法律知识的人，大体都能理解。这和20世纪初年，日本新创的近现代的法律概念输入中国，而且译者也受过现代法学教育不无关系。法律馆和商务馆译本比较，两者相差约六十年，译文虽有繁简、精当的差别，法意则相差无几。据此李先生认为：我国的近代民法概念，于 20 世纪初年初步奠定；传统的民法概念，已经让位给民法观念。传统民法观念的痕迹，虽然在外法翻译的译文和新制定的民法时有所见，但是，就整体而言，我国的民法观念当时已经纳入西方民法的轨道。在此基础上，李先生进一步分析社会变化对于法律观念转变的影响。他看到：同文馆译本和法律馆译本，虽然时间仅差三十年，但期间爆发的戊戌维新运动，却是中国人从自发到自觉学习西方的分水岭，同文馆译本印行于洋务运动时期，此时学习西方的重点在于"器用"，反映到翻译上就是自然科学书籍翻译得多，社会科学书籍少，法律书籍更是少之又少。结果就是社会没有能力接受，译本的影响力有限，而且社会的认识水平亦不能给译者提供对应的中国语言文字，使其通俗化、法言法语化。法律馆译本则是在维新运动之后，新观念、新意识如潮涌入。法律改革的进行、法律学校的开设、法学杂志的发行、法律研究机构的成立等诸多因素使得古典的法律意识、法律观念被迅速取代。从实证资料可以发现，权利观念已为社会的一般知识层所理解接受。法律馆译本就是在这种观念更替的过程中，由留学专业人员翻译而成。这就是为什么前两个译本会有天壤之别，影响力亦不相同。而法律馆和商务馆译本虽有半个世纪落差，但由于 20 世纪初年新的法观念、法意识已初步奠定，故无本质变化之原因所在。在文章最后，李先生有精彩的结语："它（按：《法国民法典》）的不同时代的中译本——或许也应该包括其他语种的译本——在译文质量与风格上的变化记录了语种所属国的社会变化与观念进步……或许今天的通行译本在未来也会变得不符合

新时代的语言与观念气候,如美人迟暮,不复光彩照人。后人
会动手翻译新的译本,使老朽投胎转世为美少年。原著的青春
永驻要以译作变为匆匆过客为代价。"

在笔者看来,"社会演变——法律翻译"互动关系淋漓尽致
的演绎,国际汉学界流行的语言——文化分析方法娴熟自如的
运用是本文的两大特色。附带说一下,在李先生的影响下,一
些年轻的学者也正沿着相同的方向努力,并取得一定的成果。①
语言——文化分析方法也许会在今后的法律史研究中发挥越来
越重要的作用。

三

自 1902 年沈家本、伍廷芳被任命为修订法律大臣,法律改革
的车轮缓缓启动以来,我们的法律无论是具体的概念、规则,还
是其背后的观念、精神,都在自觉和不自觉间告别了律学的传统。
虽因为时代的特殊原因,中间有过回归,甚至曾经断裂。但不可
否认,法律现代化合人心、顺民情,乃历史的必然趋势。因此,
回顾 20 世纪的中国法学,不仅仅是正本清源,重现百年的现代法
学路,使先辈学者们的功绩不被泯灭,还他们应有的、正确的评
价,更重要的是,与法律相辅相成的法学大厦,并非一天可以完
工的建筑,它乃理性的结晶,智慧的积淀,换言之,正是在历史

---

① 比如俞江:《近代中国民法学中的私权理论》,北京大学博士学位论文(2002);
王健:《沟通两个世界的法律意义——晚清西方法的输入与法律新词初探》,中
国政法大学出版社 2001 年版。

的长河中慢慢形成其传统（当然，是新的、现代法学的传统）。

20世纪80年代，大陆知识界批评"法学幼稚"，为何"幼稚"，在笔者看来，正是因为遗忘过去的学术积累，忽视先辈已经取得的成果。如果对自己研究的问题，前人已有怎样的认识，又有那些不足尚待改进全不知晓，理论的创新突破，又从何说起呢？"法学幼稚"实乃不得不然。总结和反思，不但是一个寻根的过程，更因为它关系到21世纪法学的传承问题，已是我们不得不完成的任务。正基于此，这种基础性的工作，尤显得意义重大。

李先生从1997年起，就在北京大学法学院的学术刊物《中外法学》上设立《二十世纪之中国法学》专栏。[①] 他自己更是身体力行，撰写《二十世纪初期的中国法学》（1997）（卷二：法学）这一长文。该文从法学史的视角涉猎多方面问题，包括历史人物，比如对现代法学萌芽要素进行精辟概括的沈家本先生，首倡中国应研究法律的梁启超先生，日本近代法的第一个研究者和翻译者，同时也是第一个向中国介绍日本法的黄遵宪先生等；法律语词，比如公法、权利等词的翻译，明治维新时日本学者对法律语词的创制以及中国对这些新词的解说和使用；法学教育，比如同文馆、湖南时务学堂、北洋大学堂、北洋大学法科、京师大学堂、山西大学堂、北京大学、京师法律学堂、京师法政学堂、朝阳大学、东吴大学等学校的课程安排、教员情况和教学特点等；法学研究风格，比如蔡枢衡先生对20

---

① 后汇编成书出版。见李贵连主编：《二十世纪的中国法学》，北京大学出版社1998年版。该书包括法律史学、刑事诉讼法学、犯罪学、婚姻家庭法学、经济法学、商法学等法学学科的学术史梳理。

世纪初期法学的尖锐批判。一言以蔽之，系统地概括出中国现代法学诞生和初步发展的全貌是本文最大亮点。文章材料之丰富、考据之细致，让人叹为观止，不但为《二十世纪之中国法学》这一专栏起提纲挈领之作用，亦是对此时期的法学进一步研究的重要链接，史料的详实足使后来者找到希冀的线索。叙史之余，李先生亦有强烈的反思，他指出：早在20世纪40年代的时候，蔡枢衡先生就发表了《中国法学的病与药》《中国法学之贫困与出路》这两篇文章，以"法学贫困"批判20世纪初期的中国法学。光阴荏苒，而立之年的中国法学，不仅仍以"法学幼稚"之新瓶装"法学贫困"之陈酿，而且我们还缺乏蔡先生那种追问和检讨的精神。对李先生的这番思考，我深以为然，轮回（甚至倒退）不仅仅给我们沉重的历史感，学术资源的浪费和重复建设更应该引起我们的省察。80年代时，法学界曾将《大清现行刑律》和《大清新刑律》混为一谈，李先生专门写了《〈大清新刑律〉与〈大清现行刑律〉辨证》（1982）（卷五：考论）一文予以澄清，将该文收入文集时他特别提到"一个二三十年代学界就十分清晰的问题，到了八十年代反而成了一瓶浆糊，闹了个大笑话，问题本身不是很值得人深思吗？"[1]

学术史的重要性，已无须多言。

四

李先生是学术界公认的沈学研究权威，他对沈家本先生的

---

[1]《近代中国法制与法学》前言。

研究大致可分为两部分：一方面是对沈氏生平经历的考证和其著作的发掘，像李先生的专著《年谱》《传》，整理出版沈氏《旧抄内定律例稿本》①等，大致可以归为此类；另一方面侧重沈家本思想的研究，更多以论文的形式集中论述，像《沈家本中西法律观论略》(1990)、《沈家本研究三题》(1992)(卷三：沈家本专题)就是颇具代表性的论文。

在《沈家本研究三题》中，他从三个方面来论述沈家本先生的思想。首先，沈家本先生思想的出发点是以爱国、治国为目的的"法律救国"论，在这里，沈氏的生平经历成为李先生论断有力的佐证。沈家本先生生于1840年，恰逢第一次鸦片战争爆发，伴随他成长的，是中华民族一段屈辱的历史，他本人就任保定知府时，更有过被侵略者拘押，险遭不测的遭遇，从他的日记文章中都不难看出，他的身上，有着传统知识分子爱国救国的思想。当然，他一生的治律经历和司法实践，更是他最终走上法律救国的真正原因。与同时代的律学家，比如薛允升、赵舒翘相比，沈氏更加注重中外交涉案件的处理。他的未刊著作《刑案汇览三编》中专门收入了《中外交涉刑案》一章，这是迄今所见19世纪绝无仅有的中外交涉案件的汇编，其目的是为以后的司法、立法积累经验，这说明他比同时代的法学家的视野要宽，在研读旧律同时，亦关注对外法律问题。在奉命修律后，他称誉春秋时期铸刑书救世之苦心，力图仿效子产，

---

① 李先生在日本的东洋文化研究所发现此书，经与学界友人仔细辨析后确定为沈氏真迹，后将其收入《沈家本未刻书集纂》(中国社会科学出版社1996年版)，具体过程的介绍可见：《书〈旧抄内定律例稿本〉后》，载《近代中国法制与法学》卷五：考论。

在特殊时代中担负起修律救时的重任。他在这个时期的奏疏、论说、序跋等，反复强调治理国家必须使法律随世运递迁而损益变化的道理。西方国家顺应此规律而强盛，中国介于列强之间，迫于交通之势，更是万难导旧，不能不改。这种思想一直伴随沈氏，到弥留之际，仍为北京法学会的成立撰文，"自后吾中国法学昌明，政治之改革，人民之治安，胥赖于是，必不让东西各国，竞诩文明也，实馨香祝之"。殷切之情，可见一斑。李先生进一步认为，沈家本先生的"法律救国"思想，与近代中国"科学救国""教育救国""实业救国"等思想同属企图超越现实政治斗争的救国论范畴，虽然一样无法挽救中国的危亡，但他主持的法律改革促进中国社会的发展确是不容置疑的事实。

其次，沈家本先生思想的核心是儒家仁政和西方的人道主义。沈氏幼读经史，受儒家学说熏陶，"仁政"思想在其身上打下深深的烙印。在《历代刑法考·刑制总考》中，他对上至唐虞，下至明代的法制、君主和执法者进行了评价。合符"仁"者，法为善法，人为贤君；违背"仁"者，法为恶法，人为暴者。李先生认为，沈氏实际上是醉翁之意不在酒，目的是把"仁"作为改造旧律、制定新律的标准。《删除律例内重法折》就是这样的一篇代表作。同时，李先生也注意到，在沈氏的文章中，开始出现"人格"这个舶来的名词，用尊重／轻视人格作为褒贬法制和人物的标准。而儒家的仁政是自上而下的恩惠，虽有民本的内容，却忽视个人的权利，传统法律强调的也只是义务的观念，这与强调维护个人权利的西方法律是格格不入的。沈氏使用"人格"一词，他所主持制定的新法中，也充斥着强调保护个人权利的内容，说明在他的思想已经完成了从"仁政"

到人道主义的飞跃。

第三，沈家本先生是以沟通中西情理来沟通中西法理，为晚清修律奠定理论基础。融会中西是沈氏生前的职志，亦是他死后的盖棺定论。那么其融会点是什么呢？李先生认为是"法理"。法理在中国古代是法律的意思。晚清时期，近代意义上的"法理"传入中国，被沈家本先生所采用，解释为"法律的原理"，具体包括"义、序、礼、情"四个方面。"义"体现的是法的公正性，"序"体现的是法的公平性，"礼"指人伦之理，"情"指人性。他认为中西法律法学都有自己的法理，虽不尽相同，但法理的大要"情理"是相通的。所以融会贯通中外法学，就是要取中外法律中合于"情理"者，而舍其悖于"情理"者。这种取舍原则在沈氏主持的修律中得到淋漓尽致的体现。当然，李先生也审慎地注意到，所谓中西"暗合"、中西"相合"，只是一种托古改制的办法，沈氏选定"法理"为中西法律融合点，他大讲的中西法律"情理"相通，也都只是外在的相似相同，而非内涵的一致。

五

通览本书，能感受到李先生研究进路上一些细微的变化，比如他早期的作品中，政治法学的痕迹还很明显，阶级背景往往成为评价历史人物思想的主要依据。当然，强调意识形态也具有合理性的一面，但在把握人物思想的复杂性上显然过于简单化。对于这一点，我觉得不能苛求，这和当时的教育背景有关。而在他后期的作品中，这种痕迹已经越来越淡，转而追求一种实证化的说明。后者无疑需要更多的考证工夫，也更具说服力。

　　另一种趋势是研究课题的细化，更加追求一种"小题大做"，通过一个具体问题的分析来反映制度变迁的信息，李先生近期的作品，比如《话说"权利"》（1998）（卷五：考论）、《清末民初寺庙财产权研究稿》（2001）（卷一：法制）都是这种趋势的反映。这些变化，看似平淡，但放在历史中去看，却非那么简单。先生介绍，他的大学生涯，因为时代的特殊原因，"虽然名之为法律系的本科毕业生，实际上并不知法为何物"，而毕业工作，"法为何物，仍然是不知其然，更不要说沈家本其人，为了弥补这种先天不足，到北大后，只好拼命"。[①] 寥寥数语背后，是一个学者的无奈和对学术的执着追求。尤其是 1999 年时，先生爱子伤于市虎，巨变之下，先生仍以无比的勇气和坚强的毅力面对厄运，在承担家庭重任的同时，对学术的严谨，一如既往。我于 2002 年拜读先生门下，对此点感受尤深。对我的作业，大者如题目框架，小处如标点符号，先生都要细细把关，并且尊重学生意见，与我讨论斟酌。每每下来，我的论文有脱胎换骨之感。而送我离开后，先生转身又得操持家务。

　　对于这本文集，先生认为，是"自己的苦读之得，苦思之得，心血之得。自己发现问题，自己解决问题，如此而已"。[②] 诚哉斯言，在学生看来，亦有一句话可概括，那就是"筚路蓝缕学术路，坚韧不拔求索心"。

（原载《法制史研究》2003 年 12 月第 4 期）

---

① 《沈家本传》后记。
② 《近代中国法制与法学》前言。

法律史的另一种写法?
——孔飞力《叫魂》读后

《叫魂》一书从其名字来看，我们会下意识地把它归入流行小说类的读物。该书封面的背景颜色为深紫色，左下角是四个着藏青色服装或鞠躬状或仰天状的清代人，他们周围镀以白光，头部是墨黑色，看不到任何表情，与书名相对应，颇具阴森恐怖之感。该书的印数是25 000册，作为一本学术书籍，这种数量是非常可观的，足可见其分量和出版者——上海三联书店对其寄予的厚望。封面的内侧有作者孔飞力（Philip A .Kuhn）教授的相片和简介，这张照片估计是他在中国历史档案馆做研究时所拍，一头的银发，微笑而平和地看着你，吸引你进入到他的研究世界中去……

大概是受现代学科划分的"规训"（discipline）太深，在读完此书后，我总试图给该书作一个归类，该书的背景是乾隆年间的"剪辫案"，似乎可以看作是一本历史学的著作，它又深刻剖析了中国传统的官僚君主制度，似乎又可以看作是一本政治学的著作，而其间又不乏有社会心理学、社会史、经济史等等的一些分析方法和例子。于是我开始反省这种企图的意义，也许正如该书的译者所说，该书是一种宏大学术视野的表现，是以"叫魂"案为中心的"大叙事"过程中，多种研究方法的结合（译者后记）。或者正如孔飞力本人所介绍的，该书的写作更像是一个"无心插柳"的过程，在阅读原始文献的过程中，其所研究的问题发生了变化（中译本序言）。所以，我们去苛求它的分类意义不大。

宏大叙事（grand narrative）的写作自然要求作者有很高的学术修养，同时也给读者或评论者带来很大的挑战，面面俱到的评论往往有捉襟见肘之感。对此，我只能从专业知识出发，略作一点介绍和评论。

故事发生在 1768 年，中国历史上的乾隆盛世时期，可就在这一盛世的背景下，一种"人的灵魂和躯体可以分离"的民间流行的信念，借助着一些偶然甚或是虚构的割辫事件，将恐怖扩散到半个中国。但对于同一事件，皇帝、官僚和普通民众却有了不同的表述（representation），正如该书所讲，"尽管邪术让所有的人感到害怕和憎恶，但每一个社会群体都将妖术传说中的不同成分重新组合，使之适应于自己的世界观。"（第 292 页）"叫魂主题被赋予不同的复调，敷演成不同的故事，每一个故事所表达的则是某一特定群体的恐惧。"（第 293 页）普通民众一方面出于生命本能的恐惧，另一方面利用这种恐惧做文章，进行"清算宿怨"或"谋取私利"。皇帝则正好利用此机会来整饬官僚机器。从朱批奏折等第一手资料出发，孔飞力复原了当时事件中的弘历（乾隆）皇帝，我们可以看到他是如何利用这个事件来整顿官吏（尤其是江南地区），从而防止其所担忧的谋反和汉化的危险。官僚机器此时则表现出相应的谨慎，他们将这一政治问题予以常规化来进行相应的抵抗。

　　试图对该书进行归类的意义不大，但并不说明思考本身没有价值。它在某种程度上，它让我思考"什么是这本书对于法律史的贡献"。在该书中，权力和规则（法律）的关系被置于官僚君主制下进行讨论。在制度层面上，在大多数的行政事务中，君主发挥着齿轮的作用——"尽管是一个镶钻的齿轮"（第 250 页）。在这一方面，孔飞力和黄仁宇的观点是不谋而合的。（可参阅黄仁宇：《万历十五年》，尤其是第一章《万历皇帝》）。但君主当然不满于此（看看万历皇帝的反应），他会寻求专制权力的扩展，在这种情况下，规则（法律）实际上处于一种吊诡（paradox）的状态，一方面，君主不得不用成文法规来约束为其服务的官僚，以确保他们每个人都按照体现他利益和安全的行政程序行事，但这种繁琐的规则使官僚受其约束之时，也为他们的职责划定了某种边界，从而为他们提供了一定的保护，得以对抗君主的专制要求。孔飞力深刻地指出，伴随着规则而来的是可预期性和标准化，同时，规则也限制了运用规则的人们的自由。从这一意义上来说，规则起到了使人们的身份地位极大地趋于平等的作用：那些运用规则并监督规则执行的人同那些受规则支配的人一样会受到规则的制约。（第 250—251 页）。这种从制度层面进行分析的视角，使我们对于中国传统法律与权力的关系有一个耳目一新的感觉：专制权力通过法律来扩张它的触角，但它在一定程度上，又会被囚禁于法律的铁笼而"异化"。在我看来，孔飞力给法律史的研究提供了一个新的思路：法律史的法理化，即以法理问题为本位，在制度的层面上通过对历史的解读来阐释这些问题。问题在历史中得到深化，而制度也可以因为问题的阐释而更加清晰。历史摆在我们面前，我们去解读它，用不同的专业背景和知识，当方法和角度不同时，我们也许会惊喜地发现它可能是完全不同的另一面，体验到与原来大相径庭的另一种感受。一个典型的例子就是日本学者在对于清代司法制度和"法"的研究中，从制度的整体上进行把握，不仅对于清代的成文法的内涵有更深入的理解，更对清代的审判制度有了新的把握——仅仅是"作为行政活动一环的司法"。①

但凡作研究，离不开三个方面的思考：选题、材料和方法。这本书给我最大的感受在于作者对于材料的把握上。正是由于孔飞力教授对于材料精准乃至娴熟的运用，我们得以窥见当年叫魂案的全貌。甚至由于对于材料的深入了解，使其研究的问题发生了变化，方法论上的功力又使得其理论方面上升了一个层次，但这些，是建立在材料的基础上的，借用一句广告词打一个不怎么恰当的比方"没有声音，再好的戏也出不来"。

（原载《研究生法学》2003 年第 1 期）

---

① 参见寺田浩明：《日本的清代司法制度研究与对"法"的理解》，收入王亚新、梁治平编：《明清时期的民事审判与民间契约》，法律出版社 1998 年版。

圆融无二：评黄源盛《晚清民国刑法春秋》

《晚清民国刑法春秋》是著名法史学家黄源盛教授 2018 年出版的最新力作，先生治法史为业，以刑法为专长，该书篇幅长达 642 页，集其多年研究之大成，可谓近代刑法史的扛鼎之作。

该书以作者在近代刑法史领域潜心耕耘的代表性论文为骨干，分为上下两篇。上篇侧重立法情况，名为"法典编纂系谱"，凡八章，爬梳从 1910 年帝制中国最后一部刑法典《大清现行刑律》到 1935 年南京国民政府《中华民国刑法》历次刑法典编纂的时代背景与立法特质。下篇关注具体个案，名为"理论与实践"，凡七章，探讨亲亲相隐、亲属相奸、无夫奸、杀尊亲属、遗弃尊亲属、奴婢买卖、原住民习惯等刑法变迁中的焦点问题。以此为基，作者画龙而点睛，加以导论和结论，完成本书的体系化建构。前者名为"刑法基本的古今绝续"，提纲挈领提炼古典刑律到近代刑法"从治民治吏之具到法益保护""从规范混同与律例合编到罪刑专典""从类推适用到罪刑法定""从礼教立法到礼刑界分""从应报及赎罪刑论走向目的刑论的刑制"的五大理念变化，后者微言大义，从大历史与法哲学的视野高度回顾与引申近代刑法变迁的法意内涵。

笔者作为一个法史学的研究者和教学者，拜读鸿著之后，认为其有三点特质：史学与法学的融合、刑法与法史的融合、教学与研究的融合。有感黄先生既有儒士风范，亦具佛家慧根，于此不揣浅陋，借用佛学用语评价此书，可谓"圆融无二"。

黄源盛教授治学，秉承"一分材料说一分话"的史家本色，其在 2000 年出版、享誉学林的《民初法律变迁与裁判》一书对民国初年司法的开创性研究，就是建立在多年来对南京第二历史档案馆等彼时不为学界所知的档案爬罗剔抉的基础之上。《晚清民国刑法春秋》同样是这种朴实学风的体现，早在 2010 年时，作者已经出版了两大册的《晚清民国刑法史料辑注》，囊括了近代历次刑法典的法案文本、立法理由、议场讨论等珍贵资料。在本书中，作者的法学背景使其注意综合立法、司法和学说三大维度立体地展开探讨，充分展现了法学研究"应然"与"实然"的丰富面相，史学素养使其能够"为有源头活水来"，娴熟驾驭史料，加以论证，恰是史学与法学相得益彰。

当代学术分工日趋细化，专业化既能促进深入研究，亦会形成学科壁垒，甚至各说各话，难以沟通。在法学内部，基础法学与部门法学之间这种隔阂现象并不鲜见。本书很好地弥补了这种遗憾，作者既有法史的深厚底蕴，亦是法史学界少见的精通刑法之人，鲜为人知的典故是，曾多次再版的《刑法精义》一书，作者黄仲夫即是黄源盛教授别名。这种知识背景使得作者可以从法外与法内两种维度全面地考察近代刑法，造就了本书既有法史的厚度，亦有刑法的深度。

笔者在 2004 年北大读博期间，曾赴台湾政治大学研修，有幸受教于黄先生。深感其除了研究精湛，更热爱教学，传道受业解惑不遗余力，这种润物无声的典范，今日已经惠泽海峡两岸众多学子。本书字里行间，正是岁月浸润而教研相长的体现。对于笔者后学而言，正可以其为标杆，虽不能至，心向往之。

近代法学家蔡枢衡先生在《中国法理的自觉发展》中曾这样评价中国法的近代转型，"三十年来的中国法和中国法的历史脱了节，和中国社会的现实也不适合。这是若干法学人士所最感烦闷所在，也是中国法史学和法哲学待决的议案"，《晚清民国刑法春秋》在某种程度上看可以说是对蔡枢衡命题的回应，如作者自述，"春秋"既指岁月光阴的实录记载，亦含笔削春秋的价值评价，从这个意义上，本书更是法史学与法哲学的圆融之作，是可以传世的作品。

（原载《法治周末》2019 年 4 月 3 日，
刊登时名为《〈晚清民国刑法春秋〉：史家本色，笔削春秋》）

《全面揭露》: 麦嘉琳大法官的第一本小说

　　2018 年出版的惊悚 / 悬疑类小说《全面揭露》(*Full Disclosure*) 的书影是一位身着黑色法袍，颈系白色领带，只露出脸部下方的律师形象，在黑与白这种法律庄严肃穆色彩的映衬之下，一个烈焰红唇宣示了主角的性别。是的，这是一个关于女律师的故事。小说的作者是加拿大前最高法院首席大法官麦嘉琳 (Beverley McLachlin)，《全面揭露》是她退休后所出版的，同时也是她的第一本小说。

　　麦嘉琳无疑是一位富有传奇色彩的法官，她是加拿大司法史上第一位女性最高法院首席大法官 (2000 年)，也是迄今在任时间最长的首席大法官 (2000—2017)。依据维基百科的介绍，1943 年麦嘉琳出生在加拿大的阿尔伯塔省，在阿尔伯塔大学分别取得哲学和法学学位 (L.L.B)，曾获得最优学生金质奖章和担任《阿尔伯塔法律评论》的主编。她分别在 1969 年和 1971 年通过了阿尔伯塔省和英属哥伦比亚省的律师资格考试 (Bar)，在 1969 年到 1975 年期间从事法律实务工作。从 1974 年到 1981 年她执教于英属哥伦比亚大学 (UBC) 法学院。从 1981 年起，她开始其法官生涯，先后担任温哥华地区法院、英属哥伦比亚省高等法院和上诉法院法官，1988 年被任命为该省高等法院首席法官，1989 年被任命为加拿大最高法院大法官，并于 2000 年获得加拿大时任总理让·克雷蒂安 (Jean Chrétien) 的提名，出任加拿大最高法院第 17 任首席大法官，直至 2017 年卸任。从 2018 年起，麦嘉琳出任香港终审法院非常任法官，是第一位获得该职位的加拿大人。

　　《全面揭露》作为麦嘉琳在文学界的黄莺初啼之作，见证了其从资深大法官到畅销小说作家的华丽转身。该书献给她的母亲，"她教会我喜爱故事"。小说叙述了一位年轻有为的女律师吉莉·特鲁伊特（Jilly Truitt）接受一位被指控杀妻的富翁文森特·杜鲁萨迪（Vincent Trussardi）的委托，担任其辩护人，从而卷入这起神秘凶杀案的故事。她的法庭对手，是最优秀的检察官，亦是她曾经的导师肯盖（Cy Kenge）。她的周边亲友，无论是养父母、男友还是年幼时帮助过她的社工，都希望她可以退出此案。这位孤儿出身，怀着拯救世界的雄心进入法学院，毕业后创建自己律所的女律师，面临着事业和人生的双重困境。一方面是职业生涯最严峻的挑战，她需要发掘案件真相，与自己恩师对峙，力求证明"弟子不必不如师"，说服陪审团存在合理怀疑（Reasonable doubt），为客户开脱罪责，另一方面是自己身世的不解之谜，伴随案件的进展，她在主动与被动之中发现了自身来历的线索，渴望解开此谜团。本书名为"全面揭露"，可能是综合了法律意义上的"揭露"（Disclosure）和案件所添附的人生意义的双重情境，因此加以状语"全面"（Full）。吉莉作为法律之子，需要理性甚至冷酷，作为尘世中人，无法摆脱七情六欲。本书开篇伊始她的自问自答"当你的客户面临牢狱之灾时你做什么？竭尽所能，然后忘掉"，似乎成了不可能完成的任务。

　　作为文学家的麦嘉琳，似乎延续了她的判决书式的特有的简洁清晰的写作风格。本书在结构安排上，每章篇幅仅为数页，基本设置一个场景，以两个人之间的故事为主，各章具有独立性而又环环相扣，起承转合。在文字表达上，朴素凝练而不求绚丽，细节之处多可见深刻洞察。从我作为一个文学业余爱好者的阅读经验来看，被其叙事所吸引，享受理解的喜悦，同时能抵御住翻阅到结局剧透的诱惑，在三天之间从头到尾依序读完。

当然，读者们恐怕更关心的是小说的主人公女律师和作为大法官的麦嘉琳之间的关系，麦嘉琳是在写自己的故事吗？对此作者回应道："无论从任何方面讲，她都肯定不是我。我从未做过刑事辩护，我从未有像她那样的经历……但我分享她的某些态度和价值观，她是我曾遇见和钦佩的某些人。"

在麦嘉琳举重若轻的笔下，《全面揭露》展示了女性与法律、伦理与法律、情感与法律、族群与法律之间多维度的张力关系，丰富了法律的想象力。从这个角度讲，《全面揭露》将是法律与文学领域的一本代表性的读本。期待其中译本，可以尽快与中国读者见面。

（原载《法治周末》2019 年 3 月 7 日，

刊登时名为《〈全面揭露〉：麦嘉琳大法官的首部小说》）

殖民法史研究的力作

——黄静嘉《春帆楼下晚涛急——日本对台湾的殖民统治及其影响》评介

"明知此是伤心地，亦到维舟首重回。十七年中多少事，春帆楼下晚涛哀。"《马关夜泊》一诗，乃新会梁启超（任公）于1911年访台途中，舟次夜泊马关（今日本下关），有感而作。本书的题名，即改自梁启超先生的诗句。作者黄静嘉先生，曾任台湾中国法制史学会的理事长。先生于实务、学术两域，成绩斐然。所执掌之台湾联合律师事务所，曾被伦敦《国际财务金融法律评论》（1989）评选为世界最优的律师事务所之一；所编校之清季法学大家薛允升名作《读例存疑重刊本》（台北成文出版社1970年版），勘校用功之深，系统编号之便，使重刊本价值超越原本（李贵连教授的评价），为黄宗智（Philip C. C. Huang）、白凯（Kathryn Bernhardt）、孔飞力（Philip A. Kuhn）等学者广泛认可，成为海外汉学研究清代法制的必备书目。

追溯《春帆楼下晚涛急》一书的渊源，先生年轻时曾投笔从戎，参加抗日战争，并于1945年二战后宝岛回归故土之际，由大陆抵台参加接收工作，对台湾殖民时期的历史产生浓厚兴趣。其间遍访时人，更有数度赴日，收集资料之举，其硕士论文，即以《日据时期之台湾殖民地法制及殖民统治》为题（该文构成本书之雏形）。历五十年寒暑，爬罗剔抉、聚沙成塔，终磨成一剑。

本书共十二编，凡二十章，约三十六万字，大致可分为三个部分。前三编可作为第一部分，从总体上出发，介绍分析相关历史、殖民地类型、法律地位等问题。第四编至第十一编可作为第二部分，乃以专题形式，就立法、民法、刑法、司法法制、人民运动等具体问题进行深入探讨。第十二编"余意"可独立作为一部分，作者依据前述史实，以精炼之笔墨，赞扬传统文化的积极因素和华人的民族气节，尤对所谓肯定殖民统治者的谬误及其心理，有义正词严的驳斥和入木三分的剖析。

在叙事上，作者乃以广义的法制史视角，以时间为序，对殖民地时期的法制、政治、经济、文化，进行全面介绍。在阶段划分上，作者主要从立法层面出发，将殖民统治划分为"律令立法"与"敕令立法"两个时期。前者以总督可根据殖民地特殊情况，自行颁布立法命令（律令）为原则，后者则以所谓天皇敕令的名义（实际上是日本内阁的行政立法），将日本本土法律"施行"于台湾。这一分期在如立法（第四编）、民事法制（第五编）、行政法制（第九编）诸专题中得以贯彻。同时，作者亦注意到具体问题之特殊性，故在讨论如刑事法制（第六编）、司法法制（第七编）、统治组织（第八编）时，则选择代表性的事件予以分期。如何合理分期乃类型化进而展开深入探讨之前提，此一项，足见作者之宏观驾驭能力。

在方法上，作者通过立足台湾，兼与日本比较之方法，阐述台湾殖民化历程，进而揭示殖民性之具体内涵，故本书亦可看作比较法的著作。作者认为，日本在明治维新后，试图摆脱旧有儒家文化的影响，标榜脱亚入欧，甚至宣扬所谓承担"黄种人之负担"，而台湾无疑是一重要试金石。这种"早熟而后起"帝国主义发展之基本特征，乃"以资本随着国旗前进"之类型——与"国旗随着资本"的老牌帝国主义有别，故在对待殖民地关系上，则以国家权力"合法"的掠夺方式，从事原始资本的积累。为使殖民地人民驯化，一方面黩武之性格使统治表现了绝对的专制与高压趋势，另一方面，亦参考他国殖民地经验，并加入一些科技方法（比如对台湾惯习的调查等）。如上种种，决定了殖民地法制的内容。故在立法上，不仅前期以台湾总督自行发布立法命令（律令）为原则，实行特别立法主义，后期虽标榜所谓"内地延长主义"，以敕令"施行"日本本土法律，但在法律未规定，或不适合台湾，或因台湾情形需设特例时，总督仍得以律令规定之（第四编）。落实到具体层面，比如，刑法到统治后期仍以律令刑法为主要法源，日本本土所无之笞刑，亦在台湾长期实行；行政法上以"治安警察法"排除台湾人民行政诉讼之权利；职业构成上，日本人垄断主要公职；经济上日本财阀处于独占地位等等。一言以蔽之，通过比较，殖民法制之专制、高压和民族歧视得以深刻体现。读者在把握殖民性这一概念的同时，对与之针锋相对——华夏人民之拒绝同化、坚忍不拔的民族精神——便有更加真实之理解。

殖民时期，乃中华民族屈辱之历史。正如黄先生在自序中说道："若谓作者在写作时，没有受到对该殖民统治之憎恶之影响，难免是矫情而不符实的。"但下笔之时，先生以理智克制情感，恪守史家"一分证据说一分话，有九分证据不说十分话"

之训，全书约三十六万字，附注竟占五分之一强，对中文、日文在相关问题上之著述，有全面深入之把握，学术之严谨，可见一斑。如果说当年戴炎辉先生《五十年来之台湾法制》一文乃研究台湾殖民统治时期法制状况的开山之作，本书则可谓当前此领域研究之集大成者。在学术史上，当有一席之地。

"春帆楼下晚涛哀"，梁任公诗中所提的春帆楼，位于马关，1895年，《中日马关条约》就在此处签订，根据此条约，清廷被迫割让台湾，宝岛五十一年的殖民地岁月，也由此开始，春帆楼可谓这段屈辱历史的直接见证。十七年后，任公于此，心潮澎湃，不能自已，以诗言志，一抒胸臆的悲愤，遥寄对宝岛人民的同情。黄先生将"哀"字改为"急"字，乃因大陆和宝岛，已非昨日吴下阿蒙，其以优异之经济发展，令世人刮目相看——"春帆楼下的晚涛仍然鸣咽或喧嚷，它所见证的不再是往日的悲情，而是历史壮阔的新页。"在这里，我们不仅读到了一位九旬长者对中华民族及其文化的信心和豪情，更有其沉甸甸的希望和寄托。学术与人心，正是在这一片历史长空里，融为一体。

（原载《清华大学清新时报》"新宇说"专栏，2014年12月3日）

瞬时文化与学术自觉

在互联网技术高速发展的时代，我们面临着一种瞬时文化（Instaneous Culture），按照《纽约时报》文章的说法，其意味着："你在 Google 上查一个东西，不到一秒就找到了答案。各种媒体都琢磨怎么'互动'，文化的创造者希望及时得到反馈，看到自己的想法是否招人喜欢；报纸、杂志的网站所有'被发送次数最多的文章排名'，图书网站有各种各样的销售排行，微博上有评论最多或转发最多，网络世界上还有 Google 的 PageRank，链接最多、传播最广就有更大的权力。"[1] 一言以蔽之，其特征有二：一是追求速度性，无论客观技术，抑或主观企图，对信息的汲取、传播力求最快速度；二是强调可计算性，即以所谓数字量化来评价信息的"质量"。

从经验出发，我感觉到这种瞬时文化已经直接或间接、深刻地影响到法学界。例如在评价机制上，更具时效性的论文逐渐取代更耗时的专著成为衡量学术水准的载体，核心论文数量、引证率成为越来越重要的指标；各种形形色色的"十大""百佳"推介、评选甚嚣尘上；科研项目的完成期限日趋缩短，居然出

---

[1] 苗炜：《"泛娱乐"的文化生产》，《三联生活周刊》2012 年第 15 期。

现了要求在一年内完成的"学术快餐"项目；有些法学家们借助各种现代媒介嬗变为公共知识分子，在关注国计民生大事的同时，也在不经意间忘记自己育人著述的本业。曾听到一个段子，某著名公知外出至某大学讲座，却连自己在该学校任教的开山弟子姓甚名谁也忘记了。

如果笔者不是无病呻吟、危言耸听的话，瞬时文化对学术研究的负面影响，可不警惕乎？可不反省乎？

2000 年，张五常在《衡量学术的困难》一文中，已经深刻地指出："数文章发表的多少，评定文章发表的学报高下，甚至计算文章在国际上被引用的次数，都无聊，是作不得准的。就我所知的国际上最优秀的经济系而言，没有一家采用这些准则。"张氏曾在 20 世纪 60 年代末任教于芝加哥大学经济学系，是著名芝加哥经济学派的亲历者，他的这番言语，应该有他的事实依据。其中，对我们这些年热衷的引证率问题，张五常就不无讽刺地指出："要增加被引用的次数吗？我又可以教你另外一套法门。这些无聊的玩意，说出来会误导青年，不说为妙——虽然最近道听途说，一些香港的年轻学者正在研究这些法门。"这种被工具理性异化的伎俩门道，是否也会出现在大陆法学界？我不能妄下判断。我只是担心此类倾向，可能会促使越来越多的学者更关注所谓热点问题、时髦理论，宏大叙事，大而化之，却忽视有理论价值的小题、更具难度的基础研究，这种一窝蜂的扎堆现象，不妨称之为"学术赶集"，其结果就是写出很多"大路货"，貌似也有不错的，但最多也就是还不错，最优出路只是沦为"有学术史意义而无学术意义"的作品。

时间才是检验学术质量的唯一标准，张五常提出"不妨等二十年"来评价文章的质量，只是在瞬时文化的今天，时不我待，芸芸众生的内心深处，恐怕还是如张爱玲骄傲的名言："出名要趁早啊！来得太晚的话，快乐也不那么痛快。"但我们应该清醒地认识到，所谓"趁早"，是因时因事而异的，前者如胡适之，那是躬逢文化转型之盛，不得不"暴得大名"；后者如某些领域专业，有如围棋，那是"十八岁不成国手，终身无望"，张爱玲的文学创作亦可归于此类。对于法学这种兼具社会科学和人文学科特点的专业，在当今平凡年代，靠的更应该是穷经皓首、韦编三绝后，结合时代经验、人生体悟的偶有所得。一味地要"一万年太久，只争朝夕"，对于"此间的少年"，或许是拔苗助长，搞出来的，更可能是一个个小时了了而大未必佳的伤仲永故事。

消除瞬时文化的负面影响，比慢是一种方法。比慢是林毓生先生针对中国人文的重建提出来的，诚如林先生所指出，比慢不是比懒。比慢是通过艰苦卓绝之奋斗，以比别人用更多的时间来获得实质性的突破，在肯定自身努力价值的同时，也意识到问题的复杂性与自身能力的有限性，从而更加脚踏实地从事研究，其乃"成就感与真正的虚心辩证交融以后所取得的一种精神"。就中国法学而言，其问题之复杂，横跨中西古今。当前不少优秀青年学子寒窗苦读、十年磨剑的博士论文足可证明已为某一问题之专家，如果能持之以恒，将比慢精神贯彻下去，于己身，于学界，将会是善莫大焉。

无论是以时间来检验学术质量，还是以比慢精神来提高学术质量，合理的体制固然重要，但我们也不要以为制度万能，陷入制度决定论的误区。管见以为，问题的关键仍是人心问题。

面对虚荣躁动的世界，学者需要对智识有敬畏之心而不是将其作为可以指鹿为马的工具，需要与现实保持适当之距离以维系客观公允之心，需要以淡泊名利之心来建立学术共同体而不是利益共同体。

"人心惟危，道心惟微"，这是面对瞬时文化的时代，抵御其消极影响，维护学术尊严，恪守学人本色的最后的一道防线。君心如镜，以为然否？

（原载《检察日报》2012 年 5 月 17 日第 3 版）

新年致我青椒朋友们的一封信

上月深夜改卷之余，在朋友圈发了一条信息，赞赏一位同学的答题，任重君在底下回复："老师辛苦"，突然有所触动，任君是我入职清华之后所教的第一批学生，今日想起，犹记得当年我的稚嫩和他们的各种反应。光阴真如白驹过隙，当年的学生们不知不觉中已经博士有成，或者成为我年轻的同事，或者奔赴大江南北各所高校，开始如十年前的我一样，初登杏坛。

不知从何时起，青年教师被称之为青椒，所谓青椒，可能一语双关，寓意青年教师承载着某种焦虑感。社会转型，各种物价飞涨，高校改革，各类指标横行，你我皆存在于这个最坏最好的时代，感同身受，心有戚戚。今天在这里，以一个过来人的老青椒，也是亦师亦友的身份，说几句话。需要指出，仅仅是肺腑之言，一人之谈尔。

首先，注意身心健康，保持良好生活习惯善待身体，注意体育锻炼增强体质，培养兴趣爱好陶冶情操。学术之路好比一场马拉松，体力是基础中的基础。高校教师貌似时间自由，另有寒暑两假，每每为外人所艳羡，却不知道这种脑力劳动，没有所谓上下班之分，所谓长假，也只是不上课的科研时间而已。年轻学人往往在刚开始时，自身心气激励，外在压力兼具，不舍昼夜，写作备课，怠于休息，疏于锻炼，数年下来，虽说成绩斐然，也身心俱疲。数年前一位同事顺利升等，却也被查出恶疾，幸亏发现得早，据说他餐无定时，此乃一例，也非个案。所以，我年轻的朋友们，请善待自己，三餐定时，作息规律，到点关机，养成习惯。在此之外，如果能驰骋球场那是最好，若是不喜欢不在行，也可慢跑徐行，总有一项锻炼适合你。至于兴趣培养，则是防止学问沉潜之中，不知不觉成为一架学术机器，少了生活的乐趣情趣，一旦受阻于难题攻坚，往往不能从容转移视线，易陷入困顿境况。

其次，理性对待各种科研指标，尽量使其转化为正面激励的能量。现在的人文社科学界，显然已经不是处于林毓生先生所倡导的"比慢"的时代，而是各种刊物异化衡量，各类项目本末倒置，以多快好省为导向的时代。我曾聆听过青椒朋友关于项目申请的倾诉，特别理解体制之下其对学术评价、职称升等、科研资金的影响。但我也想请你们放下苦恼，不忘初心，毕竟这些刊物、项目的合理本源是为优秀文章助力与服务的，我认真读过你们发表的文章，已经远超同时期的我。当前刊物虽乱，但学术同行口碑犹在，好文章总有去处，项目虽乱，但毕竟财政富裕，种类繁多，僧多而粥不缺，仍有一部分公平公正。在这种情况下，不妨以博士论文为基础，适度扩展，拟定自己的研究计划，认认真真地做好课题论证，不以物喜，不以己悲，无需赶时髦去追随所谓指定题目（除非正好符合），一篇一篇扎扎实实写出来，这样前期申请或许不行，还有后期资助，国家社科也许不行，还有教育部、各种省部级课题，总有一项属于你。平心静气二三载，自然水到渠成。

最后，认真地对待教学。在当前学术评价体系之下，教学可能被压缩到次要的位置。但不管如何，需要以公心对待，对学生负责，不可心生怠慢，更不能敷衍了事。学人清誉口碑，学生乃第一评价者。我们做过学生，个中三昧，不言自明，自可换位思考。在此基础之上，才会有教学相长两相宜的佳话。

中国人心目中的新年，还是传统的春节。旧岁将辞，新岁即至，在浙江山村这个冬夜，写下这些啰啰唆唆、唠唠叨叨的话，完成自己的一个心愿旧愿，与我的青椒朋友们共勉，祝大家在新的一年里身体健康、心想事成。

（原载《方圆》2016 年第 5 期，

刊登时名为《如何做一枚合格的青椒》）

那位穿阿玛尼的中年

今天，我突然想写一位穿阿玛尼的中年，如果说前些日子那位深圳的网红少年是因为阿玛尼而为人所知，这位中年人则是使我认识了阿玛尼，他就是若泽·穆里尼奥。2004年，这位欧洲足坛最成功的少帅挟欧冠之余威，君临斯坦福桥，彼时老板俄罗斯富豪阿布踌躇满志，一掷千金，麾下众将特里、兰帕德、德罗巴、切赫等正当盛年，饥渴荣誉，如此君臣一心，三军用命之下，穆帅在英超开创了自己的时代。如果说"特殊的一个"（special one）是彰显狂人本色的经典自诩，灰色阿玛尼则仿佛庇护鸟人的羽衣，即便在冬季赛事中，一头黑发的穆帅依旧可以无惧寒气料峭，指挥若定。此情此景，即便敌人作为阿森纳的球迷，也要感慨赞叹这位枪手的撒旦邪恶的帅气。据说这件被其穿了一个赛季的阿玛尼大衣价格是1200英镑，后在慈善拍卖会上被拍出22 000英镑，恰是一段好马配好鞍的佳话，目前保存于切尔西俱乐部的博物馆。

英超三大名帅之中，温格教授风范，模特身材，穿起西服自然风度翩翩，但老人家也喜欢穿运动服，不管赞助商是耐克还是彪马，每每与拉链纠缠搏斗，多被具有苍鹰之眼的转播发现，让人忍俊不禁，不免忘了他也是型男一枚。弗格森虽然贵为封爵，但这位来自苏格兰的老头，工人阶级家庭出身的本色不褪，更让人印象深刻的是其在本队落后时狂嚼口香糖、涨得通红的脸蛋和可以想象的更衣室中口沫横飞的"吹风机"。相比而言，爵爷的衣着品味平庸无奇，从这个角度讲，他和小贝后来分道扬镳，似乎也不足为奇了。三大名帅比较之下，穆帅的阿玛尼就更是赛场一道独特的风景，伴随其纵横捭阖，杀伐决断，树敌无数，象征着英超开启新格局，骄傲新贵对传统势力的挑战与颠覆。若问穆帅在切尔西的三年，何事让我刻骨铭心，阿玛尼大衣应该排名第一，远超其与温格的恩怨情仇。

转眼十年，前度刘郎今又来。此番再次执教切尔西的穆帅，改称"快乐的一个"（happy one），但欧洲足坛顶级联赛长期的高度压力，足改朱颜，当年一头乌黑卷发，已经斑白丛生，穆帅如此，君不见他一生的对手瓜迪奥拉，干脆剪断三千烦恼丝而以光头示人了。因此所谓"快乐的一个"，未免讨巧而口是心非了。发鬓既然如雪，原与黑发相得益彰的灰色阿玛尼也就踪影不见，虽然狂人本色不减，依然喋喋不休，仍旧世界为敌，但我却惊奇地发现，穆帅的衣着品味已经偏好老干部体，以运动服为主了。这类冬季穿上宛若"大白"或者米其林轮胎的服装当然要比阿玛尼保暖，但蜷缩于内不免成了套中人，或可谓服装的改变，彰示其英气锐气不复当年之勇。三年转瞬而至，穆帅依旧抵不过执教一支俱乐部不超过三年的命理，即便仍有联赛冠军在手，但新赛季球队衰相已现，一干老臣不复当年之勇，油尽灯枯，有心无力，首当其冲，狂人只能黯然下课。如果说穆一期的离别是和平分手，穆二期的解约则不免颜面尽失，夜幕中穆帅坐车离开，记者如云，镁光若昼，他一袭黑色卫衣，帽装遮面,有如殉道者,不知内心翻江倒海几何,名帅如斯,让人好生感慨职业足坛的残酷。

行文至此,浮想联翩,突然觉得穆里尼奥与王石颇有相似之处,两者都是职业经理人,在各自的行业中做到极致,都曾在女士那里栽了跟头,当然,最重要的是,即便他们能力再出色,即便再有理想情怀,也只是权力／资本的棋子,人生既然如棋,当然可为弃子。

(原载"清韵法史"微信公众号,2016 年 2 月 24 日)

欧冠与世界杯，孰强孰重要？

欧冠决赛在即，世界杯开赛在即，头脑一闪念：欧冠与世界杯，孰强孰重要？

一个是欧洲俱乐部豪门的赛事，一个是各大洲足球强国的赛事，俱乐部 VS. 国家，关公战秦琼，对此问题的解答，只能是一家之言。知我罪我，一笑即可。

世界上足球强国，位处欧洲与南美，历届世界杯冠军，由此两大洲的国家瓜分，可谓一时瑜亮。但俱乐部方面，无论财政实力、赛事组织、战术修养、青训水平，最近五十年，欧洲无疑要高出南美不止一筹。南美足球人才济济，但小荷显露尖尖角后，真正成功则需要经历欧战这块试金石洗礼——是骡子是马，得到彼洲去遛遛。足球王国巴西的罗纳尔迪尼奥、卡卡、内马尔少年成名，旋踵即登陆法甲、意甲、西甲，皆是个中之例，而四届国际足联金球奖得主的阿根廷人梅西，更是直接出身西班牙拉马西亚的青训体系，调侃一句——"地球是平的"，你是天才就无处藏身！

职是之故，欧洲俱乐部赛事就是南美球星的孵化器，欧冠则是融合两大洲青年才俊最高大上之舞台。在这种内有天赋异禀＋体系训练，外有巨额奖金＋高光时刻，时不时还有各种德比情仇、江湖恩怨的刺激，你是马儿还不会不须扬鞭自奋蹄吗？
2010 年世界杯上梅西寸功未立，排除运气成分，扪心一问，阿
根廷的中场可没有如巴萨的哈维、伊涅斯塔等这般常年朝夕相
处、熟悉 Tiki-Taka 战术的俱乐部小伙伴们给他"心有灵犀不点
通"般地输送炮弹。因此，在全球化的当代，试想一下，六冠
王时期的巴萨 VS. 西班牙、阿根廷或者巴西，三冠王时期的国
米 VS. 意大利或者阿根廷，三冠王时期的曼联 VS. 英格兰，三
冠王时期的拜仁 VS. 德国，管见以为，多元化的俱乐部似乎比
单一性的国家队要更强大，比赛也要更加精彩，同以决赛比较，
近年来的世界杯决赛可有如 1999 年曼联在伤停补时逆转拜仁的
神奇一幕，抑或 2005 年伊斯坦布尔之夜利物浦永不独行的荡气
回肠？

　　上世纪八、九十年代央视转播意甲，一个噱头就是"小世
界杯"，形容的是意甲汇集多国英才、水平之高，如今该词早
已成过眼云烟，除去意甲水准下降之外，英超、西甲等更高水
准的联赛，乃至浓缩五大联赛精华的欧冠早已声名在外，无需
以世界杯譬喻。同时消失的还有那个时代流行的如"荷兰三剑
客""德国三驾马车"等以"三"为基准的各类造词，1995 年
博斯曼法案公布，欧盟成员国联赛禁止限制非本地球员数目，
"三"从此不是实数而变为虚指——"韦编三绝"——潘多拉盒
子就此打开，各大联赛新旧豪门便可以大干特干，"天下英雄尽
入吾彀中"，打造"国际纵队"矣。

　　欧冠的日趋激烈与精彩必然消耗球员们更多的体力，一个
赛季以降，多线作战的球员身心俱疲，往往成为强弩之末，即
便在世界杯上有心杀敌，怎奈无力回天。2002 年欧冠决赛齐达

内弯弓射大雕，打入欧冠史上最精彩一球，帮助皇马捧杯，随后却是在备战韩日世界杯的热身赛中莫名受伤，法国队的卫冕之旅也一路跟跄，在小组赛阶段戛然而止，正是鲜明例证。因此世界杯年，俱乐部与国家队的矛盾也达到顶峰，巴西主帅斯科拉里就公然表态，希望在欧冠中能看到马竞击败切尔西晋级决赛，毫不顾忌当年他老人家也曾在切尔西执教过——那可是老东家哟，以后还想不想一起玩耍了？无他，只为了巴西球员能够得到更充足的休息——切尔西阵内有奥斯卡、大卫 - 路易斯、拉米雷斯以及威廉四名巴西国脚，是巴西队中的第一大俱乐部帮派。众所周知，老爷子如愿以偿，或许今年巴西在家门口有好运。

　　教练们可以撕破脸，球员们则面临着鱼与熊掌难以兼得的选择。大耳朵杯是俱乐部的最高荣誉，对一些非足球传统强国的队员而言，更是其一生可能染指冠军的最高企求。此中典型有如瑞典的伊布拉西莫维奇，奉先君辗转荷甲、意甲、西甲、法甲，视夺冠如拾草芥，但联赛易得，欧冠难求，据悉其与巴黎续约，原因之一就是相信圣日耳曼可以助其欧冠圆梦。对于足球传统强国的球员而言，则更加煎熬。大力神杯是国家队最高荣誉，况且物以稀为贵，四年才有一回，我等球迷期盼如此，对于吃青春饭的球员们而言，更是稍纵即逝，一去不复返，近来梅西放话，"不夺世界杯我也是最佳"，听得出其心中的纠结。这个赛季巴萨磕磕绊绊，与世界杯年众星尤其是梅西心有旁骛不无关系。与之相比，梅西"一生的对手"C罗这个赛季状态更佳，但欧冠决赛之前，伤情隐患已显，对于皇马也罢，对于葡萄牙亦然，都是个大大的坏消息。

　　欧冠与世界杯，一个更强，一个更重要，两台大戏接连上演，是球迷盛事乐事，对于校园中的莘莘学子，更是青春记忆不可磨灭的一部分，我等且看且珍惜，如何？

　　（原载《清华大学清新时报》"新宇说"专栏，2014 年 5 月 18 日）

致　谢

　　本书的系列小文，曾发表于《方圆律政》《检察日报》《清华大学清新时报》《光明日报》《法治周末》《法学学术前沿》《历史法学》《方圆》《三会学坊》《中国社会科学报》《法律文献信息与研究》《澎湃》《法制日报》《法制史研究》《研究生法学》《清韵法史》等刊物和微信公共号上，感谢黄源盛、许章润、吴宏耀、王立杰、毛英雄、刘卉、靳昊、张群、翟志勇、李广德、刘猛、刘铭哲、尹丽、武杰、王丽、陈录宁、徐小康等师友的厚爱与支持。

　　感谢博士生路旸、黄飞翔两君搜集与整理文稿之助。